문법 탄탄
WRITING 4
문장의 확장편 ②

Happy House

How to Use This Book

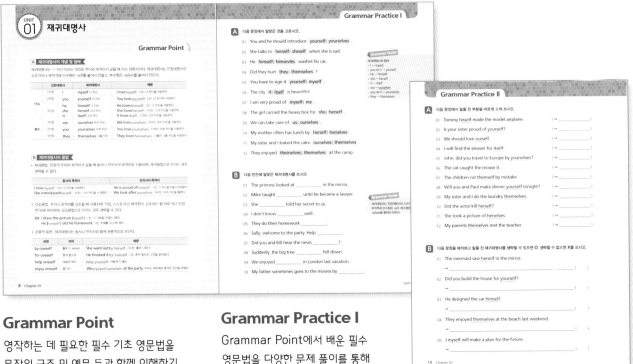

Grammar Point

영작하는 데 필요한 필수 기초 영문법을
문장의 구조 및 예문 등과 함께 이해하기
쉽게 설명하였습니다.

Grammar Practice I

Grammar Point에서 배운 필수
영문법을 다양한 문제 풀이를 통해
기초 실력을 다지고, 각 Unit의 주요
문장들의 구조에 익숙해지도록
하였습니다.

Grammar Practice II

Grammar Practice I보다 심화한 문제 풀이를
통해 필수 영문법과 각 Unit의 주요 문장들을
마스터하도록 하였습니다.

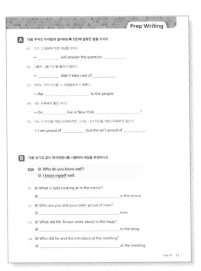

Prep Writing

본격적인 영작에 들어가기 전에 준비하는
단계로 학습한 필수 영문법을 문장에 적용하여
올바른 문장 쓰기를 연습할 수 있도록
하였습니다.

Sentence Writing

앞에서 배운 필수 영문법과 단계적 준비과정을
통해 익힌 실력으로 본격적인 완전한
영어문장 쓰기를 할 수 있도록 하였습니다.

Self-Study

필수 영문법을 토대로 한 올바른 영어문장 쓰기를 스스로 마무리하는 단계로
영문법에 대한 이해도와 자신의 영작 실력을 점검해 볼 수 있도록 하였습니다.

Actual Test

각 Chapter에서 배운 내용들을 통합하여 내신에 자주 출제되는 유형의 객관식
문제와 서술형 문제로 구성하여 학교 내신 대비뿐만 아니라 자신의 실력을 평가해
볼 수 있도록 하였습니다.

정답 및 해설

본문 문제들의 정답 및 명쾌한 해설과 문장의 해석을 수록하였습니다.
틀린 문제와 해석이 되지 않는 문제들을 정답지를 통해 확인하면서
다시 한 번 생각하고 점검해 볼 수 있습니다.

Contents

Chapter 01 대명사

✔ 영작 Key Point

재귀대명사	용법	재귀용법	He loves himself. She is proud of herself.	
		강조용법	They themselves did it.	
	형태	단수	I → myself, you → yourself, he → himself, she → herself, it → itself	
		복수	we → ourselves, you → yourselves, they → themselves	
부정대명사	one, ones	앞에서 언급된 막연한 명사	one, the other	(둘 중) 하나는 ~, 나머지 하나는 ...
	another	이미 언급한 것 이외에 또 다른 하나	each, every	each (각자, 각각) / every (모든) + 단수명사 + 단수동사

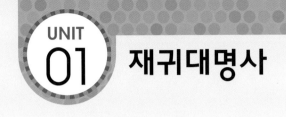

UNIT
01 재귀대명사

A 재귀대명사의 개념 및 형태

재귀대명사는 '~ 자신'이라는 의미로 주어와 목적어가 같을 때 쓰는 대명사이다. 재귀대명사는 인칭대명사의 소유격이나 목적격에 단수형은 -self를 붙여서 만들고, 복수형은 -selves를 붙여서 만든다.

	인칭대명사		재귀대명사	예문
단수	1인칭	I	myself 나 자신	I love myself. 나는 나 자신을 사랑한다.
	2인칭	you	yourself 너 자신	You love yourself. 너는 너 자신을 사랑한다.
	3인칭	he she it	himself 그 자신 herself 그녀 자신 itself 그것 자신	He loves himself. 그는 그 자신을 사랑한다. She loves herself. 그녀는 그녀 자신을 사랑한다. It loves itself. 그것은 그것 자신을 사랑한다.
복수	1인칭	we	ourselves 우리 자신	We love ourselves. 우리는 우리 자신을 사랑한다.
	2인칭	you	yourselves 너희 자신	You love yourselves. 너희는 너희 자신을 사랑한다.
	3인칭	they	themselves 그들 자신	They love themselves. 그들은 그들 자신을 사랑한다.

B 재귀대명사의 용법

• 재귀용법: 문장의 주어와 목적어가 같을 때 동사나 전치사의 목적어로 사용되며, 재귀용법으로 쓰이는 경우 생략할 수 없다.

동사의 목적어	전치사의 목적어
I love myself. 나는 나 자신을 사랑한다. She introduced herself. 그녀는 그녀 자신을 소개했다.	He is proud of himself. 그는 그 자신을 자랑스러워한다. We look after ourselves. 우리는 우리 자신을 돌본다.

• 강조용법: 주어나 목적어를 강조할 때 사용되며 '직접, 스스로'라고 해석된다. 강조하는 말 바로 뒤나 문장 맨 뒤에 위치하며, 강조용법으로 쓰이는 경우 생략할 수 있다.

> **EX** I drew the picture (myself). 나는 그 그림을 (직접) 그렸다.
> He (himself) did his homework. 그는 숙제를 (스스로) 했다.

• 관용적 표현: 재귀대명사는 동사나 전치사와 함께 관용적으로 쓰인다.

표현	의미	예문
by oneself	홀로 (= alone)	She went out by herself. 그녀는 홀로 나갔다.
for oneself	혼자 힘으로	He finished it for himself. 그는 혼자 힘으로 그것을 끝마쳤다.
help oneself	마음껏 먹다	Help yourself. 마음껏 드세요.
enjoy oneself	즐기다	We enjoyed ourselves at the party. 우리는 파티에서 즐거운 시간을 보냈다.

A 다음 문장에서 알맞은 것을 고르시오.

01 You and he should introduce yourself | yourselves .

02 She talks to herself | sheself when she is sad.

03 He himself | himsevles washes his car.

04 Did they hurt they | themselves ?

05 You have to sign it yourself | myself .

06 The city it | itself is beautiful.

07 I am very proud of myself | me .

08 The girl carried the heavy box for she | herself .

09 We can take care of us | ourselves .

10 My mother often has lunch by herself | herselves .

11 My sister and I baked the cake ourselves | themselves .

12 They enjoyed theirselves | themselves at the camp.

Grammar Guide

재귀대명사의 형태
· I → myself
· you (단수) → yourself
· he → himself
· she → herself
· it → itself
· we → ourselves
· you (복수) → yourselves
· they → themselves

B 다음 빈칸에 알맞은 재귀대명사를 쓰시오.

01 The princess looked at _____ in the mirror.

02 Mike taught _____ until he became a lawyer.

03 She _____ told her secret to us.

04 I don't know _____ well.

05 They do their homework _____.

06 Sally, welcome to the party. Help _____.

07 Did you and Bill hear the news _____?

08 Suddenly, the big tree _____ fell down.

09 We enjoyed _____ in London last vacation.

10 My father sometimes goes to the movies by _____.

Grammar Guide

· 재귀대명사는 인칭대명사의 소유격이나 목적격에 단수형은 -self, 복수형은 -selves를 붙여서 만든다.

Grammar Practice II

A 다음 문장에서 밑줄 친 부분을 바르게 고쳐 쓰시오.

01 Tommy hisself made the model airplane. (→ _____)

02 Is your sister proud of yourself? (→ _____)

03 We should love ourself. (→ _____)

04 I will find the answer for itself. (→ _____)

05 John, did you travel to Europe by yourselves? (→ _____)

06 The cat caught the mouse it. (→ _____)

07 The children cut themself by mistake. (→ _____)

08 Will you and Paul make dinner yourself tonight? (→ _____)

09 My sister and I do the laundry themselves. (→ _____)

10 Did the actor kill herself? (→ _____)

11 She took a picture of herselves. (→ _____)

12 My parents theirselves met the teacher. (→ _____)

B 다음 문장을 해석하고 밑줄 친 재귀대명사를 생략할 수 있으면 **O**, 생략할 수 없으면 **X**를 쓰시오.

01 The mermaid saw herself in the mirror.

→ _____ ( )

02 Did you build the house for yourself?

→ _____ ( )

03 He designed the car himself.

→ _____ ( )

04 They enjoyed themselves at the beach last weekend.

→ _____ ( )

05 I myself will make a plan for the future.

→ _____ ( )

A 다음 주어진 우리말과 일치하도록 빈칸에 알맞은 말을 쓰시오.

01 그가 그 질문에 직접 대답할 것이다.

→ _____ will answer the question _____.

02 그들은 그들 자신을 돌보지 않았다.

→ _____ didn't take care of _____.

03 우리는 우리 자신을 그 사람들에게 소개했다.

→ We _____ _____ to the people.

04 너는 뉴욕에서 홀로 사니?

→ Do _____ live in New York _____ _____?

05 나는 나 자신을 자랑스러워하지만, 그녀는 그녀 자신을 자랑스러워하지 않는다.

→ I am proud of _____, but she isn't proud of _____.

B 다음 보기와 같이 재귀대명사를 사용하여 대답을 완성하시오.

보기 ▸ ⓐ Who do you know well?
　　　 ⓑ I know myself well.

01 ⓐ What is Sally looking at in the mirror?

ⓑ _____ in the mirror.

02 ⓐ Who are you and your sister proud of now?

ⓑ _____ now.

03 ⓐ What did Mr. Brown write about in the essay?

ⓑ _____ in the essay.

04 ⓐ Who did he and she introduce at the meeting?

ⓑ _____ at the meeting.

Sentence Writing

Writing Guide

· 재귀대명사는 인칭대명사의 소유격이나 목적격에 단수형은 -self, 복수형은 -selves를 붙여서 만든다. → myself, themselves
· 재귀대명사는 주어와 목적어가 같을 때 동사나 전치사의 목적어로 사용된다. → He is proud of himself.
· 재귀대명사는 주어나 목적어를 강조할 때 사용되며, 강조하는 말 바로 뒤나 문장 맨 뒤에 쓴다. → I myself found it.

A 다음 우리말과 일치하도록 주어진 단어를 올바르게 배열하시오.

01 어린 아이들은 그들 자신을 돌볼 수 없다. (can't, themselves, children, look after, young)

→ _____

02 그는 혼자 힘으로 그 기계를 발명했다. (himself, invented, for, he, the machine)

→ _____

03 나의 어머니는 야채를 직접 재배하신다. (vegetables, mother, herself, my, grows)

→ _____

04 너는 스스로 그 일자리를 찾았니? (you, did, the job, yourself, find, ?)

→ _____

B 다음 주어진 말을 이용하여 우리말을 영작하시오.

01 내 여동생은 어제 다쳤다. (hurt)

→ _____

02 David는 홀로 운동장에서 놀고 있다. (on the playground)

→ _____

03 그 축제 자체는 멋졌다. (festival, fantastic)

→ _____

04 나는 나 자신에 화가 났었다. (be angry with)

→ _____

05 우리는 직접 그 오렌지들을 땄다. (pick)

→ _____

A 다음 문장에서 알맞은 것을 고르시오.

01 We enjoyed   us | ourselves   at the party until midnight.

02 Does Ann often talk to   herself | she   at home?

03 My uncle   herself | himself   caught the thief last night.

04 How did you finish the work for   you | yourself ?

05 The couple run the restaurant   themselves | themself .

B 다음 주어진 우리말과 일치하도록 빈칸에 알맞은 말을 쓰시오.

01 Lily와 Emily는 스페인어를 독학했다.

→ Lily and Emily _____ _____ Spanish.

02 너는 너 자신을 우리에게 소개해 줄 수 있니?

→ Can _____ introduce _____ to us?

03 나는 그것을 스스로 해결했기 때문에 나 자신이 자랑스러웠다.

→ I was proud of _____ because I solved it _____.

C 다음 주어진 말을 이용하여 우리말을 영작하시오.

01 그녀는 그녀 자신에 대해 이야기하지 않는다. (talk about)

→ _____

02 너는 집에서 홀로 무엇을 하고 있니? (at home)

→ _____

03 내 여동생과 나는 우리 자신을 존중한다. (respect)

→ _____

04 Jackson은 그 영화를 직접 제작했다. (make the film)

→ _____

부정대명사

Grammar Point

부정대명사란 정해지지 않은 사람이나 사물을 가리키는 대명사이다.

A   one, ones

이미 앞에서 나온 특정한 사람이나 사물을 가리킬 때는 it, they를 쓰지만, 앞에서 언급한 막연한 사람이나 사물을 가리킬 때는 one, ones를 쓴다.

it	앞에서 언급한 특정한 단수명사를 대신하여 사용	Ⓐ Do you read the book? Ⓑ Yes, I read it. (it = the book)
they	앞에서 언급한 특정한 복수명사를 대신하여 사용	I ate two apples. They are sweet. (They = two apples)
one	앞에서 언급한 막연한 단수명사를 대신하여 사용	I need an eraser. Do you have one? (one = an eraser)
ones	앞에서 언급한 막연한 복수명사를 대신하여 사용	He wants blue pants, and I want yellow ones. (ones = pants)

B   another

another는 이미 언급한 것 이외에 '또 다른 하나'를 말할 때 쓴다.

EX▶ The shirt is too big for me. Show me another. 이 셔츠는 제게 너무 커요. 또 다른 하나를 보여주세요.

C   one, the other

one, the other는 '(둘 중) 하나는 ~, 나머지 하나는 ...'을 말할 때 쓴다.

EX▶ I have two apples. One is mine, and the other is yours.
나는 두 개의 사과를 가지고 있다. 하나는 내 것이고, 나머지 하나는 네 것이다.

D   each, every

each는 '각자, 각각', every는 '모든'이라는 의미로, 둘 다 단수명사와 함께 쓰여 단수 취급하므로 뒤에 단수동사가 온다.

	의미	함께 쓰는 명사	예문
each	각각, 각자	단수명사	Each student has a dream. 각각의 학생은 꿈이 있다.
every	모든	단수명사	Every person looks happy. 모든 사람이 행복해 보인다.

A 다음 문장에서 부정대명사를 찾아 밑줄을 긋고 해석하시오.

01 Every parent loves his or her children.

→ _____

02 Would you like another cup of coffee?

→ _____

03 One is in the box, and the other is on the table.

→ _____

04 She wanted a sandwich, so I made one for her.

→ _____

05 Each student has two cards in their hands.

→ _____

06 He wore green shorts, but I wore orange ones.

→ _____

B 다음 문장에서 알맞은 것을 고르시오.

01 I need a pencil. Do you have one | it ?

02 He gave me a rose. It | One smelled good.

03 Which gloves are yours? The red one | ones .

04 They bought me new shoes. They | Ones are nice.

05 I don't like this hat. Show me one | another .

06 Tim lost his eraser, so he has to buy the other | one .

07 Every person | people   has | have to exercise regularly.

08 I am still hungry. I will eat another | ones sandwich.

09 Each team | teams   have | has 11 players in a soccer game.

10 We have two dogs. One is white, and it | the other is black.

Grammar Guide

• one: 앞에서 언급한 막연한 단수명사
• ones: 앞에서 언급한 막연한 복수명사
• another: 또 다른 하나
• one, the other: (둘 중) 하나는 ~, 나머지 하나는 ...
• each, every 뒤에는 단수명사, 단수동사가 온다.

Grammar Practice II

A 다음 보기에서 알맞은 것을 골라 빈칸에 쓰시오.

01 My sister lost her pencil case. She has to buy a new _____.

02 _____ student has to pass the test.

03 She baked us some cookies. _____ looked delicious.

04 This room is too small. Can you show me _____?

05 Does _____ class at school last 50 minutes?

06 Kate likes comic movies, but I like horror _____.

07 It doesn't fit. Please show me _____.

08 He have two cats. _____ is small, and the other is big.

09 Do you like the song? Yes, I like _____ very much.

10 There are two bikes. One is old, and _____ is new.

보기 ▶ one, ones
it, they
another
one, the other
each, every

B 다음 질문에 대한 답을 부정대명사 또는 대명사(**it**, **they**)를 사용하여 완성하시오.

01 Ⓐ It is going to rain. Did you bring an umbrella?

Ⓑ Yes, I brought _____.

02 Ⓐ Will Sally buy new rain boots?

Ⓑ Yes, she will buy some pink _____.

03 Ⓐ When did you borrow the book?

Ⓑ I borrowed _____ last Monday.

04 Ⓐ Did you feed the puppies?

Ⓑ Yes, I did. _____ looked very hungry.

05 Ⓐ How is this yellow dress?

Ⓑ It is too long for me. Show me _____, please.

06 Ⓐ Do you have any brothers or sisters?

Ⓑ Yes, I have two sisters. _____ is tall, and _____ is thin.

A 다음 주어진 우리말과 일치하도록 빈칸에 알맞은 말을 쓰시오.

01 모든 학생은 학교에 제시간에 와야 한다.

→ _____ _____ has to be at school on time.

02 우리는 두 나라를 방문했다. 하나는 스페인이고, 나머지 하나는 칠레다.

→ We visited two countries. _____ is Spain, and _____ is Chile.

03 내 컴퓨터가 고장이 났다. 그것은 오래되어서, 나는 새것을 원한다.

→ My computer didn't work. _____ is old, so I want a new _____.

04 또 다른 한 잔의 커피를 마실 수 있을까요?

→ Can I drink _____ cup of coffee?

05 그 팀의 각각의 선수들은 훌륭했다.

→ _____ _____ on the team _____ great.

B 다음 문장의 밑줄 친 부분을 바르게 고쳐 문장을 다시 쓰시오.

01 We heard the news, and <u>one</u> was surprising.

→ _____

02 David has two brothers. <u>Ones</u> are handsome.

→ _____

03 I don't like these shoes. Show me <u>the other</u>.

→ _____

04 There are two pairs of socks. The white <u>one is</u> yours.

→ _____

05 I like two subjects. One is English, and <u>another</u> is history.

→ _____

06 Every <u>plants need</u> air, water, and sunlight.

→ _____

Sentence Writing

A 다음 우리말과 일치하도록 주어진 단어를 올바르게 배열하시오.

01 하나는 우리의 것이고, 나머지 하나는 그들의 것이다. (theirs, one, and, is, ours, is, the other)

➡ _____

02 그는 파란색 구두를 원하지만, 나는 빨간색을 원한다. (shoes, blue, but, I, red, want, he, ones, wants)

➡ _____

03 우리는 그 피자를 먹고 또 다른 하나를 주문했다. (ordered, and, we, another, ate, the pizza)

➡ _____

04 모든 방에는 책상 하나와 의자 두 개가 있다. (room, two, has, and, chairs, desk, a, every)

➡ _____

B 다음 주어진 말을 이용하여 우리말을 영작하시오.

01 저에게 다른 것을 좀 보여주시겠어요? (could you)

➡ _____

02 각각의 학생은 이메일 주소를 가지고 있니? (email address)

➡ _____

03 만약 네가 눈사람을 만든다면, 나도 하나를 만들 것이다. (make)

➡ _____

04 그가 나에게 그의 계산기를 빌려주었는데, 나는 그것을 잃어버렸다. (lend, calculator)

➡ _____

05 그녀는 두 명의 아들이 있다. 하나는 의사고, 나머지 하나는 변호사다. (lawyer)

➡ _____

A 다음 문장에서 알맞은 것을 고르시오.

01 My aunt baked a chocolate cake. One | It was delicious.

02 He bought some new sneakers. I want the same ones | them .

03 Each shop | shops sells | sell different clothes.

04 I don't have a ruler. Can I borrow one | another ?

05 They speak two languages. One is French, and the other | every is English.

B 다음 주어진 우리말과 일치하도록 빈칸에 알맞은 말을 쓰시오.

01 모든 동물은 밤에 잠을 자나요?

→ _____ _____ _____ sleep at night?

02 펜이 두 개 있다. 하나는 빨간색이고, 나머지 하나는 파란색이다.

→ There are two pens. _____ is red, and _____ is blue.

03 그 책은 저에게 너무 어려워요. 다른 것을 좀 빌려줄 수 있나요?

→ The book is too difficult for me. Can you lend me _____?

C 다음 주어진 말을 이용하여 우리말을 영작하시오.

01 그는 그의 휴대전화를 잃어버려서, 새것이 필요하다. (need)

→ _____

02 각각의 학생은 수업 시간에 질문을 해야 한다. (have to, in class)

→ _____

03 또 다른 한 잔의 차를 주문하자. (order, cup of tea)

→ _____

04 그는 나에게 몇 가지 이야기를 해 주었다. 그것들은 무서웠다. (scary)

→ _____

Actual Test

[01–02] 다음 빈칸에 들어갈 수 있는 것을 고르시오.

01 Kate and Jim enjoyed _____ at the party.

① herself　　② yourself　　③ himself　　④ themselves　　⑤ themself

02 Her computer broke down, so she bought a new _____.

① it　　② ones　　③ one　　④ the other　　⑤ another

03 다음 빈칸에 들어갈 수 없는 것을 고르시오.

_____ girl is wearing a raincoat.

① A　　② One　　③ Each　　④ Every　　⑤ All

[04–05] 다음 대화의 빈칸에 들어갈 알맞은 것을 고르시오.

04 ⓐ Will you bring shorts?　ⓑ Yes, I will bring my blue _____.

① the other　　② one　　③ ones　　④ it　　⑤ them

05 ⓐ How did John learn Chinese?　ⓑ He taught _____ Chinese.

① himself　　② myself　　③ herself　　④ yourself　　⑤ ourselves

06 다음 빈칸에 공통으로 들어갈 알맞은 것을 고르시오.

· Help _____ to the snacks.　· Can you do it _____?

① myself　　② yourself　　③ herself　　④ ourselves　　⑤ themselves

07 다음 빈칸에 알맞은 말이 바르게 짝지어진 것을 고르시오.

· I like two sports. _____ is baseball, and _____ is football.
· It is too tight for me. Show me _____.

① One – another – one　　② One – the other – another　　③ It – the other – another
④ One – ones – the other　　⑤ One – the other – ones

08 다음 중 밑줄 친 부분을 생략할 수 없는 것을 고르시오.

① They sang the song themselves.　② We planted the tree ourselves.
③ He looked at himself in the mirror.　④ I myself cooked the spaghetti.
⑤ Kelly herself gets up early in the morning.

09 다음 중 밑줄 친 재귀대명사의 용법이 다른 하나를 고르시오.

① He fixed his bike himself.　② I took a picture of myself.
③ She sometimes talks to herself.　④ They are proud of themselves.
⑤ Did you hurt yourself?

10 다음 중 밑줄 친 부분이 바르지 못한 것을 고르시오.

① Will she finish it for herself?　② We do our homework ourselves.
③ Every student can speak English.　④ I need a bag. I will buy ones.
⑤ Look at the two cars. One is fast, and the other is slow.

[11–12] 다음 우리말을 영작했을 때 밑줄 친 부분 중 틀린 것을 고르시오.

11 나는 홀로 두 도시를 방문했다. 하나는 파리였고, 나머지 하나는 런던이었다.

→ I visited two cities by myself. It was Paris, and the other was London.
　　　　　　　 ①　　 ② 　　③　　　　　　　　　　 ④　　　 ⑤

12 그녀는 혼자 힘으로 그 그림을 그렸고, 모든 사람이 그것을 좋아했다.

→ She drew the picture for herself, and every people liked it.
　　　 ①　　　　　　 ②　 ③　　　　　　　 ④　　　 ⑤

13 다음 중 우리말을 올바르게 영작한 것을 고르시오.

① 그는 배낭이 있지만 또 다른 하나를 원한다. → He has a backpack but wants another.
② 그녀는 그녀 자신을 자랑스러워하니? → Is she proud of sheself?
③ 너는 그 문제를 스스로 해결해야 한다. → You must solve the problem yourselves.
④ 모든 의사들은 흰 가운을 입는다. → Every doctors wear a white gown.
⑤ 내 차는 오래되어서, 새것을 한 대 샀다. → My car was old, so I bought a new ones.

[14-15] 다음 주어진 우리말과 일치하도록 빈칸에 알맞은 말을 쓰시오.

14 Jack은 그 자신에 대해 에세이를 썼다. 그것은 재미있었다.

→ Jack wrote an essay about _____. _____ was interesting.

15 가방이 두 개 있다. 하나는 무거워 보이고, 나머지 하나는 가벼워 보인다.

→ There are two bags. _____ looks heavy, and _____ looks light.

[16-17] 다음 주어진 말을 이용하여 우리말을 영작하시오.

16 각각의 차는 에어컨을 가지고 있다. (air conditioner)

→ _____

17 나의 아버지가 그것을 직접 설명해주셨다. (explain)

→ _____

[18-23] 다음 표를 보고 재귀대명사를 사용하여 글을 완성하시오.

James	traveled to Europe	Kate and you	enjoyed at the beach
my grandmother	knitted gloves	Sally	carried a heavy box
Paul and I	made a short movie	Jim and Tom	won the game

18 James traveled to Europe by _____.

19 My grandmother knitted these gloves _____.

20 Paul and I made a short movie _____.

21 Kate and you enjoyed _____ at the beach.

22 Sally carried a heavy box for _____.

23 Jim and Tom were proud of _____ because they won the game.

Chapter 02 to부정사

✔ 영작 Key Point

명사적 용법	주어 역할	It is difficult to solve the problem.
	보어 역할	His dream is to be a teacher.
	목적어 역할	She wants to buy a computer.
형용사적 용법	명사 수식	He has a book to read.
	대명사 수식	I don't have anything to eat.
부사적 용법	목적을 나타냄	We met him to see a movie.
	감정의 원인을 나타냄	I am glad to meet you.

명사적 용법

Grammar Point

to부정사는 「to + 동사원형」의 형태로 문장에서 명사, 형용사, 부사의 역할을 할 수 있다.
to부정사가 문장에서 명사처럼 사용되어 주어, 보어, 목적어 역할을 하는 것을 명사적 용법이라고 한다.

A 주어 역할

to부정사가 주어로 쓰이는 것으로, '~하는 것은, ~하기'라고 해석된다. 일반적으로 주어 역할을 하는
to부정사는 문장 뒤로 보내고, 대신 주어 자리에 It을 쓰는데, 이때 to부정사는 진주어, It은 가주어라고
부르며, 가주어는 해석하지 않는다.

주어 역할을 하는
to부정사
	· <u>To speak English</u> is difficult. 영어를 말하는 것은 어렵다.
	     (주어)
	 = <u>It</u> is difficult <u>to speak English</u>.
	   (가주어) (진주어)
	 · <u>To answer the questions</u> is not easy. 그 질문들에 대답하는 것은 쉽지 않다.
	      (주어)
	 = <u>It</u> is not easy <u>to answer the questions</u>.
	  (가주어) (진주어)

B 보어 역할

to부정사가 be동사 뒤에 와서 보어로 쓰이는 것으로, '~하는 것이다'라고 해석된다.

주어	be동사	보어 (to부정사)	해석
His hope My dream	was is	to become an artist. to travel around the world.	그의 희망은 화가가 되는 것이었다. 내 꿈은 세계 일주를 하는 것이다.

C 목적어 역할

to부정사가 동사 뒤에 와서 목적어로 쓰이는 것으로, '~하는 것을, ~하기를'이라고 해석된다. to부정사를
목적어로 취하는 동사에는 want, hope, plan, decide, expect, promise, wish 등이 있다.

주어	동사	목적어 (to부정사)	해석
I They She We You	want hope planned decided promised	to go to the bookstore. to pass the test. to study abroad. to learn Chinese. to tell the truth.	나는 서점에 가기를 원한다. 그들은 그 시험에 통과하기를 희망한다. 그녀는 외국에서 공부하는 것을 계획했다. 우리는 중국어를 배우기로 결심했다. 너는 진실을 말할 것을 약속했다.

➡ **Grammar Plus** to부정사는 to 뒤에 동사원형이 오지만, 전치사 to는 뒤에 명사나 대명사가 와서 '~로, ~에게'로 해석된다.
                  She went to the library. 그녀는 도서관에 갔다.

A 다음 문장에서 to부정사에 밑줄을 그어 해석하고, 그 역할(주어/보어/목적어)을 쓰시오.

01 To solve the question is impossible.

➡ _____ (   )

02 She decided to learn Spanish.

➡ _____ (   )

03 His goal is to win first prize.

➡ _____ (   )

04 It is good to you to exercise regularly.

➡ _____ (   )

05 My plan was to have a surprise party.

➡ _____ (   )

06 They expected to have fun at the party.

➡ _____ (   )

B 다음 문장에서 알맞은 것을 고르시오.

01 My mother promised to buy | buy a cellphone for me.

02 Climbed | To climb the mountain alone is dangerous.

03 Do you want to build | built a sandcastle?

04 It is important for keep | to keep your promise.

05 Her advice is to read | to reads many books.

06 I hoped gotten | to get a lot of presents.

07 To see is to believed | to believe .

08 People wished went | to go to the moon.

09 It | That is not good to waste your time.

10 His wish is to be | for being a rich man.

> **Grammar Guide**
> · to부정사는 「to + 동사원형」의 형태이다.
> · to부정사가 주어 역할을 하는 경우 주어 자리에 가주어 It이 대신 올 수 있다.
> · to부정사는 be동사 뒤에 와서 보어로 쓰인다.
> · 동사 want, hope, plan, decide, expect, promise, wish 등은 뒤에 to부정사가 목적어로 온다.

A 다음 문장에서 밑줄 친 부분을 바르게 고쳐 쓰시오.

01 It was difficult to found your house.   (→ _____)

02 Everyone hopes meeting the queen.   (→ _____)

03 Her dream is to invents a time machine.   (→ _____)

04 This is fun to watch a baseball game.   (→ _____)

05 Our family decided to went camping.   (→ _____)

06 She is planning climb Mt. Everest.   (→ _____)

07 It is important save water and energy.   (→ _____)

08 My homework is for write an essay.   (→ _____)

09 That is interesting to visit old palaces.   (→ _____)

10 Emily expected to goes to the beach.   (→ _____)

B 다음 보기와 같이 두 문장이 같은 의미가 되도록 문장을 바꾸어 쓰시오.

보기▶ To take a rest is important. = __It is important to take a rest.__

01 To get an A on the test is impossible.

   = _____

02 To help other people is nice.

   = _____

03 To join the club will be helpful.

   = _____

04 To understand his idea is not easy.

   = _____

05 To eat fresh vegetables is good for your health.

   = _____

A 다음 주어진 우리말과 일치하도록 빈칸에 알맞은 말을 쓰시오.

01 그의 직업은 자전거를 고치는 것이다.

→ His job _____ _____ bikes.

02 그들은 파티에 올 것을 약속했었니?

→ Did they _____ _____ to the party?

03 우리의 계획은 런던에서 일주일 동안 머무르는 것이었다.

→ Our plan _____ _____ in London for a week.

04 그 카메라를 사용하는 것은 쉽다.

→ _____ is simple _____ the camera.

05 나는 너를 만나게 되리라고 기대하지 않았다. 너를 만나서 반갑다.

→ I didn't _____ _____ you. _____ is nice to meet you.

B 다음 주어진 말을 사용하여 질문에 답하시오.

01 ⒶWhat did she want? (be a designer)

Ⓑ _____

02 ⒶWhat is he planning? (buy a new car)

Ⓑ _____

03 ⒶWhat is his dream? (fly to the moon)

Ⓑ _____

04 ⒶWhat did she hope? (go to the zoo)

Ⓑ _____

05 ⒶWhat is your goal? (go to the university)

Ⓑ _____

06 ⒶWhat did they decide? (save some money)

Ⓑ _____

Sentence Writing

· 주어 역할을 하는 to부정사는 주어 자리에 쓰는데, 가주어 It을 대신 쓸 수 있다. → It is nice to see you.
· 보어 역할을 하는 to부정사는 be동사 뒤에 쓴다. → My plan is to go camping.
· 동사 want, hope, plan, decide, expect 등은 뒤에 to부정사를 목적어로 쓴다. → I want to buy a bike.

A 다음 우리말과 일치하도록 주어진 단어를 올바르게 배열하시오.

01 너 자신을 아는 것이 중요하다. (important, it, to, is, yourself, know)

➡ _____

02 그녀의 직업은 자동차를 디자인하는 것이다. (is, job, design, her, to, a car)

➡ _____

03 나의 삼촌은 도시로 이사하기로 결심하셨다. (decided, move, to, a city, uncle, to, my)

➡ _____

04 그들은 큰 집을 사는 것을 계획했었니? (big, they, to, a, did, house, buy, plan, ?)

➡ _____

B 다음 주어진 말을 이용하여 우리말을 영작하시오.

01 그 강을 헤엄쳐 건너는 것은 위험하다. (it, swim across)

➡ _____

02 너는 그 비밀을 지킬 것을 약속했다. (keep the secret)

➡ _____

03 그것을 내일까지 끝마치는 것은 불가능하다. (it, until)

➡ _____

04 그의 꿈은 배우가 되는 것이다. (become)

➡ _____

05 우리는 결승전에서 이길 것이라고 기대하지 않았다. (the final game)

➡ _____

A 다음 문장에서 알맞은 것을 고르시오.

01 Mr. Johnson wished for change | to change his job.

02 It is always exciting to go | to goes to the amusement park.

03 My hope is to study | study in New York.

04 They are planning to built | to build a bridge over the river.

05 This | It was shocking to feel | felt the earthquake.

B 다음 주어진 우리말과 일치하도록 빈칸에 알맞은 말을 쓰시오.

01 그 입학시험에 통과하는 것은 어렵다.

→ _____ is difficult _____ the entrance exam.

02 그녀의 목표는 두 개의 다른 언어를 말하는 것이다.

→ Her goal _____ _____ two different languages.

03 그는 변호사가 되기를 원해서, 열심히 공부하기로 결심했다.

→ He wanted _____ a lawyer, so he _____ _____ hard.

C 다음 주어진 말을 이용하여 우리말을 영작하시오.

01 그의 바람은 우주 비행사를 만나는 것이다. (wish, astronaut)

→ _____

02 그들은 너와 함께 일하기를 기대한다. (with you)

→ _____

03 항상 최선을 다하는 것이 중요하다. (it, do your best)

→ _____

04 그들은 너에게 피아노를 사줄 것을 약속했니? (for you)

→ _____

UNIT 04 형용사적 용법, 부사적 용법

Grammar Point

A 형용사적 용법

to부정사가 문장에서 형용사처럼 쓰여 앞의 명사나 대명사를 수식하는 것을 형용사적 용법이라고 하고,
'~하는, ~할'이라고 해석된다.

명사 수식	I have some letters to send. 나는 보내야 할 약간의 편지가 있다. He has a lot of work to do today. 그는 오늘 해야 할 일이 많다. She has a cat to look after. 그녀는 돌보아야 할 고양이가 한 마리 있다.
대명사 수식	Do you have anything to drink? 너는 마실 것이 좀 있니? I have something to tell you. 나는 너에게 말할 것이 있다.

⊕ **Grammar Plus** 형용사적 용법에서 to부정사의 동사가 목적어를 가질 수 없는 경우 동사 뒤에 알맞은 전치사를 써야 한다.
She has a pen to write with. 그녀는 쓸 펜이 있다. (→ to write with a pen)
They bought a house to live in. 그들은 살 집을 샀다. (→ to live in a house)

B 부사적 용법

to부정사가 문장에서 부사처럼 쓰여 동사, 형용사, 다른 부사, 또는 문장 전체를 수식하는 것을 부사적 용법
이라고 하는데, 이때 to부정사는 행동의 목적이나 감정의 원인 등을 나타낸다.

부사적 용법의 쓰임	의미	예문
목적	~하기 위하여	We went to the beach to swim. 우리는 수영하기 위하여 해변에 갔다. He met Kate to study English. 그는 영어를 공부하기 위하여 Kate를 만났다.
감정의 원인	~해서, ~하니	I am glad to meet you again. 나는 너를 다시 만나서 기쁘다. We were sad to hear the news. 우리는 그 소식을 듣고 슬펐다.

⊕ **Grammar Plus** to부정사가 부사적 용법으로 쓰여 감정의 원인을 나타낼 때 happy, glad, pleased, excited, surprised, sad 등의
형용사 뒤에 온다.
He was excited to go skiing. 그는 스키를 타러 가서 흥분되었다.

A 다음 문장에서 to부정사에 밑줄을 그어 해석하고, 그 용법(형용사/부사)을 쓰시오.

01 She will have some time to help you.

→ _____ (   )

02 He went to China to learn Chinese.

→ _____ (   )

03 Does the baby have anything to play with?

→ _____ (   )

04 They were happy to win the contest.

→ _____ (   )

05 We have a lot of homework to finish today.

→ _____ (   )

06 My brother went to the post office to send a letter.

→ _____ (   )

B 다음 문장에서 알맞은 것을 고르시오.

01 He studied hard   to enter | enter   the university.

02 Do you have any money   to lending | to lend   me?

03 We were glad   went | to go   camping with you.

04 Did Bill go to the station   buying | to buy   a ticket?

05 They will buy some CDs to   listen | listen to   .

06 Jim was surprised   to pass | passed   the test.

07 I have   nothing to tell | to tell nothing   you.

08 She was   to lose sad | sad to lose   her cellphone.

09 The soldiers don't have   anything | something   to eat.

10 Mary is looking for someone   to dance with | dance with   .

Grammar Guide

· 형용사적 용법으로 쓰이는 to부정사는
  수식하는 명사나 대명사 뒤에 온다.
· to부정사의 동사가 목적어를 가질 수 없는
  경우 동사 뒤에 전치사가 온다.
· something은 긍정문, anything은 부정문과
  의문문에서 주로 쓴다.

Grammar Practice II

A 다음 문장에서 밑줄 친 부분을 바르게 고쳐 쓰시오.

01 We don't have anything to hides.   (➡ _____)

02 She will go to the library borrow books.   (➡ _____)

03 My brother has many toys to play.   (➡ _____)

04 I was excited heard his plan.   (➡ _____)

05 There is nothing to drank in the refrigerator. (➡ _____)

06 You have a lot of to do homework today.   (➡ _____)

07 He exercises regularly is healthy.   (➡ _____)

08 Mr. Smith was to visit pleased Seoul again. (➡ _____)

09 Do they have to eat anything for dessert?   (➡ _____)

10 Do you have any paper to write?   (➡ _____)

B 다음 보기와 같이 to부정사를 사용하여 두 문장을 한 문장으로 바꾸어 쓰시오.

> 보기 There were some chairs. We sat on them.
> ➡ There were some chairs to sit on.

01 I studied hard. I wanted to get an A.

➡ _____

02 David was pleased. He traveled to London.

➡ _____

03 We have some sandwiches. We will eat them for lunch.

➡ _____

04 She cleaned the house. She wanted to help her mother.

➡ _____

05 He has some crayons. He will draw a picture with them.

➡ _____

A 다음 주어진 우리말과 일치하도록 빈칸에 알맞은 말을 쓰시오.

01 그들은 그 유명한 가수를 만나서 흥분했다.

→ They were _____ _____ the famous singer.

02 너는 나에게 질문할 것이 있니?

→ Do you have _____ _____ me?

03 그녀는 돌보아야 할 두 명의 아이들이 있다.

→ She has two children _____ care _____.

04 우리는 결승전에서 져서 슬펐다.

→ We were _____ _____ the final game.

05 나는 신을 신발이 필요해서, 신발을 사기 위하여 돈을 모으고 있다.

→ I need shoes _____, so I'm saving some money _____ them.

B 다음 보기와 같이 to부정사와 주어진 말을 사용하여 질문에 답하시오.

보기 Ⓐ Why did they get up early? (see the sunrise)

Ⓑ __They got up early to see the sunrise.__

01 Ⓐ Why is he learning English? (study abroad)

Ⓑ _____

02 Ⓐ Why are the children happy? (go to the concert)

Ⓑ _____

03 Ⓐ Why is Mr. Baker sad? (say goodbye to us)

Ⓑ _____

04 Ⓐ Do you have anything to read? (some comic books)

Ⓑ Yes, _____

Sentence Writing

- 형용사적 용법으로 쓰이는 to부정사는 수식하는 명사나 대명사 뒤에 쓴다. → Do you have anything to drink?
- 행동의 목적을 나타낼 때 to부정사의 부사적 용법을 쓴다. → I study hard to pass the test.
- 감정의 원인을 나타내는 부사적 용법의 to부정사는 happy 등의 형용사 뒤에 쓴다. → I'm happy to meet you again.

A 다음 우리말과 일치하도록 주어진 단어를 올바르게 배열하시오.

01 너는 함께 얘기할 누군가가 있니? (anyone, do, with, have, to, talk, you, ?)

➡ _____

02 그는 그 사고를 목격하고 충격을 받았다. (see, was, to, he, the accident, shocked)

➡ _____

03 우리는 해결할 몇 가지 심각한 문제가 있다. (have, we, some, solve, problems, to, serious)

➡ _____

04 나는 첫 기차를 타기 위하여 일찍 일어났다. (woke up, catch, early, the first train, I, to)

➡ _____

B 다음 주어진 말을 이용하여 우리말을 영작하시오.

01 그 선수는 야구공을 잡기 위하여 빨리 뛰었다. (catch)

➡ _____

02 나는 네 이메일을 받고 기뻤다. (glad, get)

➡ _____

03 공원에 앉을 의자가 좀 있니? (at the park)

➡ _____

04 그는 내 컴퓨터를 고치기 위하여 최선을 다했다. (do his best)

➡ _____

05 우리는 너에게 보여줄 것이 있다. (show)

➡ _____

A 다음 문장에서 알맞은 것을 고르시오.

01 Is there anything   to drink | drink   in the refrigerator?

02 London is a wonderful   to visit place | place to visit .

03 We were   to hear surprised | surprised to hear   the rumor.

04 Ask a question   to learn | to learning   the answer.

05 He doesn't have a lot of friends   to play | to play with .

B 다음 주어진 우리말과 일치하도록 빈칸에 알맞은 말을 쓰시오.

01 그는 어머니를 도와주기 위하여 집에 일찍 왔다.

→ He came back home early _____ his mother.

02 우리는 강아지를 잃어버려서 슬펐다.

→ We were _____ _____ our puppy.

03 나는 먹을 것이 전혀 없고, 음식을 살 돈도 없다.

→ I don't have anything _____, and any money _____ food.

C 다음 주어진 말을 이용하여 우리말을 영작하시오.

01 그들은 살 집을 찾고 있다. (look for)

→ _____

02 너는 이탈리아에 가기 위하여 여권이 필요하다. (passport, Italy)

→ _____

03 그 아이들은 워터파크에 가서 기뻤다. (pleased, the water park)

→ _____

04 그는 신뢰할 누군가가 있니? (trust)

→ _____

Actual Test

[01-02] 다음 빈칸에 들어갈 수 있는 것을 고르시오.

01 His dream is _____ a gold medal at the Olympic Games.

① to winning ② win ③ to win ④ wins ⑤ won

02 _____ is not easy to build a bridge.

① Be ② Do ③ This ④ It ⑤ That

[03-04] 다음 빈칸에 들어갈 수 <u>없는</u> 것을 고르시오.

03 George _____ to study abroad.

① wants ② hopes ③ decided ④ expected ⑤ enjoyed

04 We were _____ to hear the news.

① glad ② sad ③ happily ④ excited ⑤ happy

[05-06] 다음 대화의 빈칸에 들어갈 알맞은 것을 고르시오.

05
ⓐ Would you like _____? ⓑ Some cold water, please.

① something drink ② drink something ③ something to drink
④ to drink something ⑤ something drinking

06
ⓐ Why did she go to Jeju Island?
ⓑ She went to Jeju Island _____ her friend.

① met ② meet ③ meeting ④ to meet ⑤ to meeting

07 다음 빈칸에 공통으로 들어갈 알맞은 것을 고르시오.

· It is difficult _____ pass the test.
· I hope _____ speak English well.
· Do you have any CDs to listen _____?
· She studies hard _____ get an A.

① at ② for ③ to ④ with ⑤ on

08 다음 중 보기의 밑줄 친 부분의 용법과 같은 것을 고르시오.

> **보기** It was hard <u>to chase</u> the thief.

① They has a child <u>to look after</u>.　② He went to England <u>to learn</u> English.

③ I was pleased <u>to find</u> my mother.　④ <u>To believe</u> in yourself is important.

⑤ My father promised <u>to buy</u> a bike for me.

09 다음 중 밑줄 친 부분의 쓰임이 <u>다른</u> 하나를 고르시오.

① Are you surprised <u>to</u> hear the news?　② She went <u>to</u> the park to exercise.

③ It is difficult <u>to</u> fix the computer.　④ Her dream is <u>to</u> be the president.

⑤ I don't have anything <u>to</u> drink.

10 다음 중 밑줄 친 부분이 바르지 <u>못한</u> 것을 고르시오.

① She decided <u>to invite him</u> to the party.　② <u>It</u> is dangerous to go there.

③ He was <u>excited to see</u> a tiger.　④ I went to Paris <u>to see</u> the Eiffel Tower.

⑤ You need some <u>paper to write</u>.

[11–12] 다음 우리말을 영작했을 때 밑줄 친 부분 중 틀린 것을 고르시오.

11 그 질문에 대답하는 것은 쉽지 않다. 나는 생각할 시간이 좀 필요하다.

➡ <u>It</u> is not easy <u>to</u> <u>answer</u> the question. I need <u>some time</u> <u>thinking</u>.
　① ② ③ ④ ⑤

12 나는 공부하기 위하여 도서관에 갔는데, 거기서 그를 만나서 놀랐다.

➡ I went <u>to</u> the library <u>study</u>, and I was <u>surprised</u> <u>to</u> <u>meet</u> him there.
　　① ② ③ ④ ⑤

13 다음 중 우리말을 올바르게 영작한 것을 고르시오.

① 나는 쓸 펜이 하나 필요하다. → I need a pen to write.

② 그녀는 오늘 할 일이 많다. → She has a lot of work to does today.

③ 배드민턴을 치는 것은 재미있다. → It is interesting to plays badminton.

④ 그들은 한국을 다시 방문하기로 약속했다. → They promised to visit Korea again.

⑤ 그는 지갑을 찾아서 기뻤다. → He was to find pleased his wallet.

[14-15] 다음 문장의 틀린 부분을 바르게 고쳐 문장을 다시 쓰시오.

14 She went to the park going for a walk.

→ _____

15 That is not difficult to save energy.

→ _____

[16-17] 다음 주어진 말을 이용하여 우리말을 영작하시오.

16 나는 너를 용서하기로 결심했다. (forgive)

→ _____

17 그들은 하늘을 날아서 흥분되었다. (in the sky)

→ _____

[18-20] 다음 표를 보고 to부정사를 사용하여 글을 완성하시오.

	Want to Do	Dream	Plan
I	draw pictures	be an artist	see famous pictures
Amy	take photos	be a photographer	buy a new camera
David	write a novel	be a writer	read many books

18 I want _____. My dream is _____.

My plan is to visit many galleries _____.

19 Amy wants _____. Her dream is _____.

Her plan is to save some money _____.

20 David wants _____. His dream is _____.

His plan is to go to the library _____ every day.

Chapter 03 동명사

✔ 영작 Key Point

동명사	주어 역할	Playing the guitar is fun.
	보어 역할	His hobby is cooking.
	목적어 역할	She enjoys watching TV.
동명사와 to부정사	동명사만을 목적어로 취하는 동사	enjoy, finish, mind, avoid, give up 등 → I finished doing my homework.
	to부정사만을 목적어로 취하는 동사	want, plan, hope, decide, promise, expect, wish 등 → We planned to go hiking.
	동명사, to부정사를 모두 목적어로 취하는 동사	begin, start, like, love, hate 등 → The baby began to cry/crying.

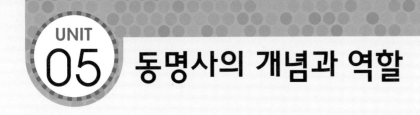

UNIT 05 동명사의 개념과 역할

Grammar Point

동명사는 동사로 만든 명사형으로 「동사원형 + -ing」의 형태이다. 동명사는 문장에서 명사처럼 사용되어 주어, 보어, 목적어 역할을 한다.

A 주어 역할

동명사가 주어로 쓰이는 것으로, '~하는 것은, ~하기'라고 해석된다.

주어 (동명사)	동사	보어	해석
Swimming	is	good for your health.	수영하는 것은 네 건강에 좋다.
Making cookies	was	fun.	쿠키를 만드는 것은 재미있었다.
Being a doctor	is	his dream.	의사가 되는 것이 그의 꿈이다.

⊕ **Grammar Plus** 동명사 주어는 단수 취급하여 뒤에 단수동사가 온다.
Playing with friends are fun. (X) → Playing with friends is fun. (O)

B 보어 역할

동명사가 be동사 뒤에 와서 보어로 쓰이는 것으로, '~하는 것이다'라고 해석된다.

주어	be동사	보어 (동명사)	해석
My hobby	is	playing tennis.	내 취미는 테니스를 치는 것이다.
Her hobby	is	drawing pictures.	그녀의 취미는 그림을 그리는 것이다.

C 목적어 역할

동명사가 동사나 전치사 뒤에 와서 목적어로 쓰이는 것으로, '~하는 것을, ~하기를'이라고 해석된다.
동명사를 목적어로 취하는 동사에는 enjoy, finish, mind, give up, avoid 등이 있다.

동사의 목적어	Jake enjoys playing basketball. Jake는 농구하는 것을 즐긴다. I finished washing my car. 나는 세차하는 것을 끝마쳤다. He minds being late for school. 그는 학교에 지각하는 것을 꺼린다. My father gave up smoking. 나의 아버지는 담배 피우는 것을 포기하셨다. They avoid fighting each other. 그들은 서로 싸우는 것으로 피한다.
전치사의 목적어	Thank you for coming. 와 주셔서 감사합니다. She is good at playing the piano. 그녀는 피아노를 잘 친다.

A 다음 문장에서 동명사에 밑줄을 그어 해석하고, 그 역할(주어/보어/목적어)을 쓰시오.

01 Riding a bike is very fun.

➡ _____ ( )

02 Mexicans enjoy watching soccer games.

➡ _____ ( )

03 Her job was teaching English.

➡ _____ ( )

04 He gave up becoming a scientist.

➡ _____ ( )

05 Swimming in the sea is dangerous.

➡ _____ ( )

06 Our hobby is playing basketball.

➡ _____ ( )

B 다음 문장에서 알맞은 것을 고르시오.

01 I don't mind opening | open the window.

02 His hobby is collect | collecting stamps.

03 Writing | To writing in a diary every day is not easy.

04 Are you good at play | playing tennis?

05 Keeping secrets is | are important.

06 James will give up to learn | learning Spanish.

07 Telling lies is | are not good.

08 My mother wants | avoids drinking coffee at night.

09 Thank you for helping | helps me yesterday.

10 Did she finish making | made dinner?

Grammar Guide
• 동명사는 「동사원형 + -ing」의 형태이다.
• 동명사는 주어 자리에 와서 주어로 쓰인다.
• 동명사는 be동사 뒤에 와서 보어로 쓰인다.
• 동사 enjoy, finish, mind, give up, avoid 등은 뒤에 동명사가 목적어로 온다.

Grammar Practice II

A 다음 문장에서 밑줄 친 부분을 바르게 고쳐 쓰시오.

01 Does Sally enjoy <u>goes</u> to the movies?   (➞ _____)

02 My sister is good at <u>to speaking</u> Chinese.   (➞ _____)

03 Keeping the rules <u>are</u> necessary.   (➞ _____)

04 Did you finish <u>write</u> the essay?   (➞ _____)

05 We should avoid <u>to eat</u> junk food.   (➞ _____)

06 Do you mind <u>to takes</u> a picture?   (➞ _____)

07 I won't give up <u>to solving</u> the problem.   (➞ _____)

08 Playing computer games <u>be</u> not good for children.   (➞ _____)

09 Don't worry about <u>fail</u> the test.   (➞ _____)

B 다음 보기에서 알맞은 말을 골라 동명사로 바꾸어 문장을 완성하시오.

보기 ▶	draw	answer	climb	drive	cook
	brush	listen	wait	turn on	speak

01 My sister enjoys _____ pictures.

02 It's very cold. Do you mind _____ the heater?

03 Did she finish _____ her teeth?

04 His hobby is _____ mountains.

05 _____ to music is good for everyone.

06 Thank you for _____ for me for 30 minutes.

07 Mr. Brown avoided _____ his car at night.

08 _____ English fluently is not easy.

09 My mother is good at _____ Italian food.

10 They gave up _____ your question.

A 다음 주어진 우리말과 일치하도록 빈칸에 알맞은 말을 쓰시오. (단, 동명사형으로 쓰시오.)

01 매일 아침을 먹는 것은 좋은 습관이다.

→ ＿＿＿＿＿＿ breakfast every day ＿＿＿＿＿＿ a good habit.

02 그녀의 취미는 스웨터를 뜨는 것이다.

→ Her hobby ＿＿＿＿＿＿ ＿＿＿＿＿＿ sweaters.

03 그 소녀는 진실을 말하는 것을 피했다.

→ The girl ＿＿＿＿＿＿ ＿＿＿＿＿＿ the truth.

04 나는 그 음악 동아리에 가입하는 것에 대해 생각 중이다.

→ I'm thinking ＿＿＿＿＿＿ ＿＿＿＿＿＿ the music club.

05 Mike는 자전거를 타는 것과 축구 하는 것을 즐긴다.

→ Mike ＿＿＿＿＿＿ ＿＿＿＿＿＿ his bike and ＿＿＿＿＿＿ soccer.

B 다음 주어진 말을 사용하여 질문에 답하시오.

01 Ⓐ What does she enjoy? (go shopping)

　Ⓑ ＿＿＿＿＿＿＿＿＿＿＿＿＿＿＿＿＿＿＿＿＿＿

02 Ⓐ What do you mind? (go outside at night)

　Ⓑ ＿＿＿＿＿＿＿＿＿＿＿＿＿＿＿＿＿＿＿＿＿＿

03 Ⓐ What did your father give up? (drink alcohol)

　Ⓑ ＿＿＿＿＿＿＿＿＿＿＿＿＿＿＿＿＿＿＿＿＿＿

04 Ⓐ What do thieves avoid? (meet the police)

　Ⓑ ＿＿＿＿＿＿＿＿＿＿＿＿＿＿＿＿＿＿＿＿＿＿

05 Ⓐ What did they finish? (make a sandcastle)

　Ⓑ ＿＿＿＿＿＿＿＿＿＿＿＿＿＿＿＿＿＿＿＿＿＿

06 Ⓐ What is she worrying about? (have an interview)

　Ⓑ ＿＿＿＿＿＿＿＿＿＿＿＿＿＿＿＿＿＿＿＿＿＿

Sentence Writing

Writing Guide

· 주어 역할을 하는 동명사는 주어 자리에 쓰고, 동명사 주어는 단수 취급한다. → Playing soccer is fun.
· 보어 역할을 하는 동명사는 be동사 뒤에 쓴다. → His hobby is singing.
· 동사 enjoy, finish, mind, give up, avoid 등은 뒤에 동명사를 목적어로 쓴다. → She enjoys watching TV.

A 다음 우리말과 일치하도록 주어진 단어를 올바르게 배열하시오.

01 네 여동생은 노래를 잘 부르니? (singing, good, is, at, songs, sister, your, ?)

→ _____

02 그의 취미는 라디오를 듣는 것이다. (listening to, is, the radio, his, hobby)

→ _____

03 그녀는 질문하는 것을 꺼려하지 않는다. (asking, doesn't, a question, she, mind)

→ _____

04 인터넷을 검색하는 것은 어렵지 않다. (not, surfing, difficult, the Internet, is)

→ _____

B 다음 주어진 말을 이용하여 우리말을 영작하시오. (단, 동명사형으로 쓰시오.)

01 Smith 씨는 그 회의에 참석하는 것을 포기했다. (attend)

→ _____

02 나무에 오르는 것은 위험하다. (climb)

→ _____

03 내 취미는 모형 비행기를 만드는 것이다. (model airplane)

→ _____

04 그녀는 오후에 산책하는 것을 즐겼다. (take a walk)

→ _____

05 제 질문에 대답해 주셔서 감사합니다. (thank you)

→ _____

A 다음 문장에서 알맞은 것을 고르시오.

01   Getting | Get   a lot of information is important.

02   Did your mother finish   did | doing   the laundry?

03   His job is   driving | to driving   a taxi.

04   Do you mind   lend | lending   me your umbrella?

05   Recycle | Recycling   paper and plastic   is | are   necessary.

B 다음 주어진 우리말과 일치하도록 빈칸에 알맞은 말을 쓰시오. (단, 동명사형으로 쓰시오.)

01   매일 신문을 읽는 것은 좋은 습관이다.

→ _____ a newspaper every day _____ a good habit.

02   Baker 씨는 붐비는 장소에 가는 것을 피한다.

→ Mr. Baker _____ _____ to crowded places.

03   저희 집을 방문해 주셔서 감사합니다.

→ Thank you for _____ our house.

C 다음 주어진 말을 이용하여 우리말을 영작하시오. (단, 동명사형으로 쓰시오.)

01   그의 생각을 이해하는 것은 어렵다. (understand)

→ _____

02   너는 실수하는 것을 꺼려하니? (make mistakes)

→ _____

03   그녀는 전화 통화하는 것을 끝마쳤다. (talk on the phone)

→ _____

04   David는 밤에 별을 보는 것을 즐긴다. (look at)

→ _____

UNIT 06 동명사와 to부정사

Grammar Point

동명사와 to부정사는 둘 다 명사처럼 사용되어 문장에서 목적어 역할을 할 수 있는데, 어떤 동사는 동명사만을 목적어로 취하고, 어떤 동사는 to부정사만을 목적어로 취하며, 어떤 동사는 둘 다 목적어로 취할 수 있다.

A 동명사만을 목적어로 취하는 동사

동명사만을 목적어로 취하는 동사에는 enjoy, finish, mind, avoid, give up 등이 있다.

주어	동사	목적어 (동명사)	해석
My father	enjoys	going fishing.	나의 아버지는 낚시가는 것을 즐기신다.
He	finished	washing his car.	그는 세차하는 것을 끝마쳤다.
She	minded	answering the question.	그녀는 그 질문에 대답하는 것을 꺼렸다.
We	gave up	baking cookies.	우리는 쿠키를 굽는 것을 포기했다.
My sister	avoids	meeting him.	내 여동생은 그를 만나는 것을 피한다.

B to부정사만을 목적어로 취하는 동사

to부정사만을 목적어로 취하는 동사에는 want, plan, hope, decide, promise, expect, wish 등이 있다.

주어	동사	목적어 (to부정사)	해석
She	wants	to buy a car.	그녀는 차를 사기를 원한다.
We	planned	to go camping.	우리는 캠핑 가는 것을 계획했다.
They	hope	to pass the test.	그들은 그 시험에 통과하기를 희망한다.
I	decided	to get up early.	나는 일찍 일어나기로 결심했다.
He	promised	to finish the work.	그는 그 일을 끝낼 것을 약속했다.

C to부정사와 동명사를 모두 목적어로 취하는 동사

to부정사와 동명사를 모두 목적어로 취하는 동사에는 begin, start, like, love, hate 등이 있다.

주어	동사	목적어 (to부정사/동명사)	해석
It	began	to rain/raining.	비가 오기 시작했다.
They	started	to dance/dancing.	그들은 춤추기 시작했다.
I	like	to ride/riding my bike.	나는 자전거를 타는 것을 좋아한다.
He	loves	to sing/singing songs.	그는 노래 부르는 것을 사랑한다.
We	hate	to take/taking exams.	우리는 시험 보는 것을 싫어한다.

A 다음 문장에서 알맞은 것을 고르시오.

01 What are you planning   to do | doing   this weekend?

02 Mike enjoys   to play | playing   computer games.

03 Mr. Bean   likes | minds   to go for walks.

04 Did she finish   to do | doing   the laundry?

05 Where did you decide   to travel | traveling ?

06 Sarah   gave up | wished   solving the problem.

07 Did it   finish | start   to rain?

08 She promised   to come | coming   back early.

09 My brother   wishes | hates   taking showers.

10 People   avoid | hope   to meet an alien.

11 They expected   to win | winning   a gold medal.

12 Does he   want | mind   talking on the phone at night?

Grammar Guide
- 동명사만을 목적어로 취하는 동사: enjoy, finish, mind, avoid, give up 등
- to부정사만을 목적어로 취하는 동사: want, plan, hope, decide, promise, expect, wish 등
- to부정사와 동명사를 모두 목적어로 취하는 동사: begin, start, like, love, hate 등

B 다음 괄호 안의 동사를 빈칸에 알맞은 형태로 바꾸어 쓰시오.

01 Does he avoid _____ fruits and vegetables? (eat)

02 Amy began _____ when she heard the news. (cry)

03 They won't give up _____ their puppy. (find)

04 Did he promise _____ your computer? (fix)

05 My teacher hates _____ absent from school. (be)

06 The girl wants _____ a famous ballerina. (become)

07 Are you planning _____ Disneyland? (visit)

08 Everyone wishes _____ happily and healthily. (live)

09 Most children like _____ cartoons. (watch)

10 Mr. Smith enjoys _____ a nap in the afternoon. (take)

Grammar Practice II

A 다음 문장에서 밑줄 친 부분을 바르게 고쳐 쓰시오.

01 Do they mind <u>eat</u> spicy food?   (→ _____)

02 The boy decided <u>learning</u> magic.   (→ _____)

03 Suddenly, it started <u>to snowing</u> outside.   (→ _____)

04 He hopes to <u>became</u> an astronaut.   (→ _____)

05 My uncle enjoys <u>to play</u> the guitar.   (→ _____)

06 I hate <u>to fighting</u> with my friends.   (→ _____)

07 Does she expect <u>traveled</u> abroad?   (→ _____)

08 We finished <u>plant</u> the trees.   (→ _____)

09 My brother likes <u>to flying</u> his kite.   (→ _____)

10 Why does he avoid <u>to take</u> the bus?   (→ _____)

B 다음 보기와 같이 두 문장이 같은 의미가 되도록 문장을 바꾸어 쓰시오.

| 보기 | The baby started to cry. | = | <u>The baby started crying.</u> |

01 My grandmother loves growing flowers.

= _____

02 The child hates to take medicine.

= _____

03 The boy began to count from 0 to 10.

= _____

04 They like to go to the beach in summer.

= _____

05 The old man started telling his story.

= _____

A 다음 주어진 우리말과 일치하도록 빈칸에 알맞은 말을 쓰시오.

01 나의 어머니는 나에게 새 신발을 사줄 것을 약속하셨다.

→ My mother _____ _____ new shoes for me.

02 그들은 이집트를 방문하는 것을 계획하고 있다.

→ They are _____ _____ Egypt.

03 그녀는 아침에 일찍 일어나는 것을 싫어한다.

→ She _____ _____ up early in the morning.

04 나는 그 영화를 보기를 원했지만, 그것을 보는 것을 포기했다.

→ I wanted _____ the movie, but gave up _____ it.

05 그는 시험에 통과하기를 희망해서, 열심히 공부하기 시작했다.

→ He hopes _____ the test, so he started _____ hard.

B 다음 주어진 말을 사용하여 질문에 답하시오.

01 ⒜ What does she enjoy? (read comic books)

   ⒝ _____

02 ⒜ What does she expect? (win first prize)

   ⒝ _____

03 ⒜ What did you finish? (make a model airplane)

   ⒝ _____

04 ⒜ What did they start? (learn Chinese)

   ⒝ _____

05 ⒜ What does your father mind? (drive his car on snowy days)

   ⒝ _____

06 ⒜ What did he promise? (be on time)

   ⒝ _____

Sentence Writing

Writing Guide

· 동명사만을 목적어로 취하는 동사: enjoy, finish, mind, avoid, give up → **She** enjoys swimming.
· to부정사만을 목적어로 취하는 동사: want, plan, hope, decide, promise, expect, wish → **I** plan to go **skiing.**
· to부정사와 동명사를 모두 목적어로 취하는 동사: begin, start, like, love, hate → **He** began to sing/singing.

A 다음 우리말과 일치하도록 주어진 단어를 올바르게 배열하시오.

01 Michael은 매일 운동하기로 결심했다. (do exercise, Michael, to, every day, decided)

➡ _____

02 그 고양이는 그 쥐를 쫓아가는 것을 포기했다. (gave up, the mouse, chasing, the cat)

➡ _____

03 그 눈사람은 서서히 녹기 시작했다. (to, slowly, the snowman, began, melt)

➡ _____

04 나의 아버지는 약속을 어기는 것을 싫어하신다. (a promise, father, breaking, hates, my)

➡ _____

B 다음 주어진 말을 이용하여 우리말을 영작하시오.

01 너는 그를 다시 만날 것을 기대하니? (again)

➡ _____

02 우리는 주말에 외식하는 것을 즐겼다. (eat out, on the weekend)

➡ _____

03 나의 여동생은 그녀의 곰 인형을 가지고 노는 것을 좋아한다. (like, her teddy bear)

➡ _____

04 물은 100°C에서 끓기 시작한다. (start, boil, at)

➡ _____

05 그들은 서로 싸우는 것을 꺼린다. (each other)

➡ _____

A 다음 문장에서 알맞은 것을 고르시오.

01 I hoped   to go | going   to the concert last night.

02 Did they give up   to build | building   the bridge?

03 Mr. Baker loves   to live | to living   in Korea.

04 They   wanted | enjoyed   to get up early, but they slept late.

05 She finished   to do | doing   her homework a few minutes ago.

B 다음 주어진 우리말과 일치하도록 빈칸에 알맞은 말을 쓰시오.

01 에어컨을 끄는 것을 꺼리시나요?

→ Do you _____ _____ off the air conditioner?

02 나는 그녀를 도와주기를 원해서, 설거지를 하기 시작했다.

→ I wanted _____ her, so I started _____ the dishes.

03 그들은 방과 후에 야구하는 것을 즐긴다.

→ They _____ _____ baseball after school.

C 다음 주어진 말을 이용하여 우리말을 영작하시오.

01 그녀는 살을 빼는 것을 포기했다. (lose weight)

→ _____

02 그들은 대학에 입학하기를 희망한다. (enter)

→ _____

03 그는 반려동물을 키우는 것을 싫어한다. (have a pet)

→ _____

04 우리는 성공할 것을 기대하지 않았다. (succeed)

→ _____

Actual Test

01 다음 빈칸에 들어갈 수 있는 것을 고르시오.

_____ an English diary is not difficult.

① Keep   ② To keeping   ③ Keeping   ④ Keeps   ⑤ Kept

[02–03] 다음 빈칸에 들어갈 수 <u>없는</u> 것을 고르시오.

02 My brother _____ playing computer games.

① enjoyed   ② finished   ③ planned   ④ avoided   ⑤ gave up

03 They _____ to go to the movies on the weekend.

① like   ② hope   ③ hate   ④ mind   ⑤ love

[04–05] 다음 대화의 빈칸에 들어갈 알맞은 것을 고르시오.

04
Ⓐ Do you mind _____ on the light?   Ⓑ No, I don't.

① turned   ② turning   ③ turn   ④ to turning   ⑤ to turn

05
Ⓐ What did she promise?   Ⓑ She promised _____ new bag for me.

① to buy   ② to buying   ③ buy   ④ buying   ⑤ bought

06 다음 빈칸에 공통으로 들어갈 알맞은 것을 고르시오.

· He avoids _____ his car on rainy days.
· She is good at _____ a car.

① to drive   ② drive   ③ to driving   ④ driving   ⑤ drove

07 다음 빈칸에 알맞은 말이 바르게 짝지어진 것을 고르시오.

· My grandmother hates _____ lazy.
· Did they decide _____ abroad?

① being – studying   ② being – to study   ③ being – study
④ to be – studies   ⑤ to be – studied

08 다음 중 밑줄 친 부분의 쓰임이 <u>다른</u> 하나를 고르시오.

① His hobby is <u>playing</u> the drum.
② They are <u>playing</u> baseball now.
③ <u>Watching</u> magic shows is fun.
④ <u>Eating</u> junk food is not good.
⑤ She finished <u>cleaning</u> the house.

09 다음 중 보기의 밑줄 친 부분의 쓰임과 <u>다른</u> 것을 고르시오.

보기▶ We finished <u>watering</u> the plants.

① I gave up <u>finding</u> my umbrella.
② He avoids <u>studying</u> with them.
③ I enjoyed <u>traveling</u> to Europe.
④ His hobby is <u>baking</u> cookies.
⑤ Do you mind <u>lending</u> me your pen?

10 다음 중 밑줄 친 부분이 바르지 <u>못한</u> 것을 고르시오.

① I <u>decided to join</u> the club.
② He <u>promised to go</u> to sleep early.
③ Do you <u>mind inviting</u> him to the party?
④ The dog <u>began bark</u> loudly.
⑤ My mother <u>likes listening</u> to the radio.

[11–12] 다음 우리말을 영작했을 때 밑줄 친 부분 중 <u>틀린</u> 것을 고르시오.

11 비가 오기 시작해서, 우리는 소풍 가는 것을 포기했다.

→ It <u>began</u> <u>to rain</u>, so we <u>gave up</u> <u>to going</u> on a picnic.
  　　①　②　③　　　④　　　⑤

12 거짓말을 하는 것은 나쁘다. 너는 진실을 말할 것을 약속했다.

→ <u>Telling</u> lies <u>are</u> bad. You <u>promised</u> <u>to</u> <u>tell</u> the truth.
   ①　　　②　　　　③　　④　⑤

13 다음 중 우리말을 올바르게 영작한 것을 고르시오.

① 그 버스를 놓치는 것에 대해 걱정하지 말아라. → Don't worry about miss the bus.
② 우리는 큰 집을 살 계획이다. → We plan buying a big house.
③ 갑자기 비가 많이 오기 시작했다. → Suddenly, it started to raining heavily.
④ 너는 그들을 도와주는 것을 포기했니? → Did you give up to help them?
⑤ 그들은 그 경기에서 이길 것을 기대하니? → Do they expect to win the game?

[14-15] 다음 주어진 우리말과 일치하도록 빈칸에 알맞은 말을 쓰시오.

14 그는 그녀를 만나기를 원하지만, 그녀는 그를 만나기를 피하고 있다.

→ He hopes _____ her, but she is avoiding _____ him.

15 우리는 잠을 자기를 원했지만, 그 아기는 울기 시작했다.

→ We wanted _____, but the baby began _____.

[16-18] 다음 주어진 말을 이용하여 우리말을 영작하시오.

16 너는 네 어머니의 말을 듣기로 약속했다. (listen to)

→ _____

17 그는 사람들 앞에서 우는 것을 꺼린다. (in front of)

→ _____

18 그 소년은 새와 곤충을 관찰하는 것을 좋아한다. (like, watch)

→ _____

[19-20] 다음 표를 보고 질문에 완전한 문장으로 대답하시오.

	What They Enjoy	What They Hope	What They Hate
Kate	watch movies	be a movie director	study math
Paul	play soccer	meet a famous soccer player	take showers

19 A What does Kate enjoy? B _____

A What does she hope? B _____

A What does she hate? B _____

20 A What does Paul enjoy? B _____

A What does he hope? B _____

A What does he hate? B _____

Chapter 04 문장의 형식

✔️ 영작 Key Point

주어 + 동사 + 목적어 + 목적보어 (명사)	He made his son a doctor.
주어 + 동사 + 목적어 + 목적보어 (형용사)	It made his father angry.
주어 + 사역동사 + 목적어 + 동사원형	I had him fix my bike.
주어 + 지각동사 + 목적어 + 동사원형	We heard them shout.
주어 + want/tell/ask + 목적어 + to부정사	They want me to help them.

UNIT 07 주어 + 동사 + 목적어 + 목적보어

목적어 뒤에 목적보어가 와서 「주어 + 동사 + 목적어 + 목적보어」로 구성된 문장으로, 목적보어 자리에는 명사나 형용사가 올 수 있다.

A 주어 + 동사 + 목적어 + 목적보어 (명사)

목적보어 자리에 명사가 오는 경우 목적보어는 목적어가 누구인지 또는 무엇인지를 말해주는데, make (만들다), name (이름 짓다), call (부르다), elect (선출하다) 등은 목적보어 자리에 명사가 온다.

주어	동사	목적어	목적보어 (명사)	해석
He	made	her	a singer.	그는 그녀를 가수로 만들었다.
She	named	her cat	Kitty.	그녀는 그녀의 고양이를 Kitty라고 이름 지었다.
We	call	the animal	a koala.	우리는 그 동물을 코알라라고 부른다.
They	elected	him	president.	그들은 그를 대통령으로 선출했다.

➔ **Grammar Plus** He made her a singer. (her = a singer)

B 주어 + 동사 + 목적어 + 목적보어 (형용사)

목적보어 자리에 형용사가 오는 경우 목적보어는 목적어의 상태나 성질을 보충 설명해주는데, make (만들다), keep (유지하다), leave (두다), think (생각하다), find (알게 되다) 등은 목적보어 자리에 형용사가 온다.

주어	동사	목적어	목적보어 (형용사)	해석
The song	makes	us	happy.	그 노래는 우리를 행복하게 만든다.
She	keeps	her room	clean.	그녀는 방을 깨끗하게 유지한다.
I	left	her	alone.	나는 그녀를 홀로 두었다.
He	thought	his car	old.	그는 그의 차가 오래되었다고 생각했다.

➔ **Grammar Plus** The song made us happy. (happy가 us의 감정상태를 설명해준다.)

C 「주어 + 동사 + 간접목적어 + 직접목적어」 VS 「주어 + 동사 + 목적어 + 목적보어」

동사 뒤에 두 개의 목적어가 오는 문장과 목적어 뒤에 목적보어가 오는 문장의 형태는 비슷해 보이지만 다르게 해석되고, 목적어 자리에는 명사나 대명사가 오지만, 목적보어 자리에는 명사나 형용사가 온다.

주어 + 동사 + 간접목적어 + 직접목적어	주어 + 동사 + 목적어 + 목적보어
She made her sister a dress. (her sister ≠ a dress) (간접목적어) (직접목적어)	The movie made her a star. (her = a star) (목적어) (목적보어)
그녀는 여동생에게 드레스를 만들어주었다.	그 영화는 그녀를 스타로 만들었다.

A 다음 문장에서 밑줄 친 부분의 문장 요소(목적어/목적보어)를 구분하여 쓰시오.

01 The movie made the actress <u>famous</u>. (→ _____ _____)

02 I sent my teacher <u>some flowers</u>. (→ _____)

03 He named his son <u>Jimmy</u>. (→ _____)

04 We found the comic book <u>interesting</u>. (→ _____)

05 Her mother made us <u>delicious cookies</u>. (→ _____)

06 Why do people call Jason <u>a fool</u>? (→ _____)

07 This scarf will keep you <u>warm</u>. (→ _____)

08 Please leave the window <u>open</u>. (→ _____)

09 Mr. Brown taught us <u>English</u> last year. (→ _____)

10 They elected him <u>chairman</u>. (→ _____)

B 다음 문장에서 알맞은 것을 고르시오.

01 The movie made people   sad | sadly .

02 He named   the dog Lucky | Lucky the dog .

03 They call their daughter   to Sweetie | Sweetie .

04 Everyone thinks   she beautiful | her beautiful .

05 Why don't you keep your children   quiet | quietly ?

06 Don't make your mother   angry | angrily .

07 We elected   he | him   our class president.

08 I found the cave   danger | dangerous .

09 Will you   make | buy   your son a doctor?

10 They   asked | named   the ship Titanic.

11 The clerk thought   they | them   honest.

12 Regular exercise keeps you   healthy | health .

> **Grammar Guide**
> • 주어 + make/name/call/elect + 목적어 + 목적보어 (명사)
> • 주어 + make/keep/leave/think/find + 목적어 + 목적보어 (형용사)

Grammar Practice II

A 다음 보기에서 알맞은 말을 골라 문장을 완성하시오.

01 This cream keeps your skin _____.

02 It's cold. Leave the window _____.

03 We elected John _____.

04 I thought the lemon too _____.

05 This song made her _____.

06 The couple named their daughter _____.

07 The loud noise made us _____.

08 Junk food makes your children _____.

09 People call the flower _____.

10 The student found the test _____.

보기
fat
easy
soft
sour
closed
scared
Jenny
a rose
class president
a famous singer

B 다음 보기와 같이 밑줄 친 부분의 문장 요소를 구분하여 쓰고 해석하시오.

보기 <u>They</u> <u>called</u> <u>their son</u> <u>a prince</u>.
주어   동사   목적어   목적보어   (➡ 그들은 그들의 아들을 왕자라고 불렀다.)

01 <u>His story</u> <u>made</u> <u>a lot of people</u> <u>happy</u>.

(➡ _____)

02 <u>David</u> <u>made</u> <u>the child</u> <u>a model airplane</u>.

(➡ _____)

03 <u>People</u> <u>named</u> <u>the gorilla</u> <u>Bobo</u>.

(➡ _____)

04 <u>She</u> <u>showed</u> <u>her friend</u> <u>an old picture</u>.

(➡ _____)

05 <u>We</u> <u>should keep</u> <u>our hands</u> <u>clean</u>.

(➡ _____)

A 다음 주어진 우리말과 일치하도록 빈칸에 알맞은 말을 쓰시오.

01 우리는 그의 목소리가 이상하다고 생각했다.

→ We _____ his voice _____.

02 우리 팀은 그를 지도자로 선출했다.

→ Our team _____ _____ the leader.

03 제발 너 자신을 항상 바쁘게 유지해라.

→ Please _____ _____ _____ all the time.

04 그는 나에게 강아지를 사주었다. 그것은 나를 행복하게 만든다.

→ He _____ me a puppy. It _____ _____ happy.

05 그녀는 아들에게 Jack이라고 이름 지었지만, 사람들은 그를 Jackie라고 불렀다.

→ She _____ her son Jack, but people _____ _____ Jackie.

B 다음 문장의 틀린 부분을 바르게 고쳐 문장을 다시 쓰시오.

01 The air conditioner makes the office coolly. 에어컨은 사무실을 시원하게 만든다.

→ _____

02 This jacket kept my body warmly. 이 재킷이 내 몸을 따뜻하게 해 주었다.

→ _____

03 We thought your tired last night. 우리는 네가 어젯밤 피곤하다고 생각했다.

→ _____

04 People call the island for Dokdo. 사람들은 그 섬을 독도라고 부른다.

→ _____

05 They will elect him to the next president. 그들은 그를 다음 대통령으로 선출할 것이다.

→ _____

06 I found his adventure danger. 나는 그의 모험이 위험하다는 것을 알게 되었다.

→ _____

Sentence Writing

Writing Guide

· 주어 + make/name/call/elect + 목적어 + 목적보어 (명사)　　→　　We call the music hip-hop.
· 주어 + make/keep/leave/think/find + 목적어 + 목적보어 (형용사)　→　The work makes him tired.

A 다음 우리말과 일치하도록 주어진 단어를 올바르게 배열하시오.

01 너는 그것을 항상 비밀로 유지해야 한다. (you, keep, it, should, a secret, always)

　　➡ _____

02 그의 발명품은 사람들을 편리하게 만들어주었다. (made, comfortable, invention, people, his)

　　➡ _____

03 나는 그의 새로운 계획이 멋지다고 생각했다. (plan, new, thought, wonderful, his, I)

　　➡ _____

04 우리는 영어 선생님을 Mr. Big이라고 부른다. (English teacher, call, we, Mr. Big, our)

　　➡ _____

B 다음 주어진 말을 이용하여 우리말을 영작하시오.

01 Brian은 그의 앵무새를 Polly라고 이름 지었다. (parrot)

　　➡ _____

02 그들은 아들을 비행기 조종사로 만들 것이다. (pilot)

　　➡ _____

03 너희는 James를 반장으로 선출할 것이니? (class president)

　　➡ _____

04 그 경찰들은 그 건물이 비어있는 것을 알게 되었다. (police officer, empty)

　　➡ _____

05 네 여동생을 홀로 두지 말아라. (alone)

　　➡ _____

A 다음 문장에서 알맞은 것을 고르시오.

01 People named   the robot Naomi | Naomi the robot .

02 We have to keep the vegetables   freshly | fresh .

03 My parents always call   to me | me   an angel.

04 I thought the math test   easy | ease , but it was hard.

05 The song   makes | gives   everyone happy.

B 다음 주어진 우리말과 일치하도록 빈칸에 알맞은 말을 쓰시오.

01 그녀는 그의 충고가 매우 도움된다는 것을 알게 되었다.

→ She _____ his advice very _____.

02 미국 사람들은 1860년에 Abraham Lincoln을 대통령으로 선출했다.

→ Americans _____ Abraham Lincoln _____ in 1860.

03 나는 부모님께 성적표를 보여드렸다. 그것은 그들을 화나게 만들었다.

→ I _____ my parents my report card. It _____ _____ angry.

C 다음 주어진 말을 이용하여 우리말을 영작하시오.

01 이 약은 나를 하루 종일 졸리게 했다. (keep, sleepy, all day long)

→ _____

02 그의 질문은 우리를 긴장하게 만들었다. (nervous)

→ _____

03 그 회사는 그 차를 Sonata라고 이름 지었다. (company)

→ _____

04 제발 저를 Baby라고 부르지 마세요. (call)

→ _____

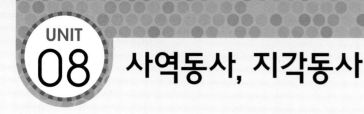

사역동사, 지각동사

Grammar Point

「주어 + 동사 + 목적어 + 목적보어」로 구성된 문장에서 동사가 사역동사나 지각동사인 경우 목적보어
자리에는 동사원형이 온다.

A 사역동사

사역동사란 어떤 일을 누구에게 시킨다는 의미를 가진 동사로 '～하게 하다, 시키다'로 해석되며, have, make,
let 등이 있다. 동사가 사역동사인 경우 목적보어 자리에는 동사원형이 온다.

주어	사역동사	목적어	목적보어 (동사원형)	해석
I	had	her	wash the dishes.	나는 그녀에게 설거지를 시켰다.
He	made	us	clean the room.	그는 우리에게 방을 청소하게 했다.
She	let	me	use her car.	그녀는 내가 그녀의 차를 사용하게 했다.

➜ Grammar Plus She had me to fix it. (X) → She had me fix it. (O)

B 지각동사

지각동사란 감각기관을 통해 보고, 듣고, 느낀다는 의미를 가진 동사로 see, watch, hear, listen to, feel
등이 있다. 동사가 지각동사인 경우 목적보어 자리에는 동사원형이 온다.

주어	지각동사	목적어	목적보어 (동사원형)	해석
I	saw	him	play the piano.	나는 그가 피아노를 치는 것을 보았다.
They	watched	her	dance.	그들은 그녀가 춤추는 것을 보았다.
We	heard	you	cry.	우리는 네가 우는 소리를 들었다.
Sam	felt	someone	push him.	Sam은 누군가가 그를 미는 것을 느꼈다.

➜ Grammar Plus I watched him to play soccer. (X) → I watched him play soccer. (O)

C 목적보어 자리에 to부정사가 오는 동사

want, tell, ask (부탁하다, 요청하다) 등의 동사는 사역동사나 지각동사와는 달리 목적보어 자리에
「to + 동사원형」의 형태인 to부정사가 온다.

주어	동사	목적어	목적보어 (to부정사)	해석
Bill	wants	me	to help him.	Bill은 내가 그를 도와주기를 원한다.
He	told	them	to do their best.	그는 그들에게 최선을 다하라고 말했다.
I	asked	him	to return my book.	나는 그에게 내 책을 돌려달라고 요청했다.

➜ Grammar Plus We wanted you study hard. (X) → We wanted you to study hard. (O)

A 다음 문장을 밑줄 친 부분에 유의하여 해석하시오.

01 My father <u>made me water</u> the plant.

→ _____

02 We <u>watched them play</u> soccer on the playground.

→ _____

03 He <u>asked his grandfather to make</u> a kite.

→ _____

04 <u>Let me introduce</u> myself to you.

→ _____

05 I <u>heard someone call</u> my name.

→ _____

B 다음 문장에서 알맞은 것을 고르시오.

01 He wants his son   become | to become   a doctor.

02 Let me   know | to know   your phone number.

03 His parents heard him   shouts | shout   loudly.

04 I didn't tell them   watch | to watch   the TV.

05 They saw   he | him   walk on the street.

06 She made   me | my | I   turn off the light.

07 My father always tells us   to do | do   our best.

08 Mr. Brown had the barber   cut | to cut   his hair.

09 Did you   listen to | tell   the dog bark last night?

10 I felt someone   followed | follow   me in the dark.

11 We watched some children   play | to play   outside.

12 The English teacher asked Jake   is | be | to be   quiet.

> **Grammar Guide**
>
> • 주어 + 사역동사 + 목적어 + 동사원형
> • 주어 + 지각동사 + 목적어 + 동사원형
> • 주어 + want/tell/ask + 목적어 + to부정사

Grammar Practice II

A 다음 문장에서 밑줄 친 부분을 바르게 고쳐 쓰시오.

01 My mother doesn't let me <u>to sleep</u> late.　　　　(→ _____)

02 I didn't listen to him <u>called</u> my name.　　　　(→ _____)

03 This book makes me <u>to feel</u> sleepy.　　　　(→ _____)

04 Did you hear someone <u>whistled</u>?　　　　(→ _____)

05 She had <u>do him</u> his homework.　　　　(→ _____)

06 People felt the building <u>to shake</u>.　　　　(→ _____)

07 They don't want <u>he play</u> computer games.　　　　(→ _____)

08 Have you ever seen her <u>laughed</u>?　　　　(→ _____)

09 Will you ask her <u>make</u> dinner tonight?　　　　(→ _____)

10 The coach told the players <u>ran</u> faster.　　　　(→ _____)

11 He watched his mother <u>washes</u> the dishes.　　　　(→ _____)

B 다음 괄호 안의 동사를 빈칸에 알맞은 형태로 바꾸어 쓰시오.

01 My parents won't let me _____ to the concert. (go)

02 Have you ever heard her _____ a song? (sing)

03 She asked me _____ the window. (open)

04 Please tell the people _____ in line. (wait)

05 I had the hairdresser _____ my hair in the hair salon. (cut)

06 These chemicals will make some grass _____. (die)

07 James felt someone _____ him. (look at)

08 David saw his kite _____ very high in the sky. (fly)

09 Do you want me _____ your house? (visit)

10 She had her children _____ polite to people. (be)

11 Mary asked us _____ her. (listen to)

A 다음 주어진 우리말과 일치하도록 빈칸에 알맞은 말을 쓰시오.

01 그녀는 버스에서 누군가가 그녀의 가방을 당기는 것을 느꼈다

→ She _____ someone _____ her bag on the bus.

02 무엇이 너를 크게 웃게 만들었니?

→ What made _____ _____ loudly?

03 그는 우리에게 약간의 마실 물을 가져오라고 부탁했다.

→ He _____ _____ _____ some water to drink.

04 우리는 그들이 서로 싸우는 것을 보았다.

→ We watched _____ _____ each other.

05 나의 부모님은 내가 세계 일주를 하게 하셨다.

→ My parents let _____ _____ around the world.

B 다음 문장의 틀린 부분을 바르게 고쳐 문장을 다시 쓰시오.

01 They made him to tell the truth. 그들은 그에게 진실을 말하게 했다.

→ _____

02 Did you hear her plays the drum? 너는 그녀가 드럼을 연주하는 것을 들었니?

→ _____

03 Her father told her come back early. 그녀의 아버지는 그녀에게 일찍 돌아오라고 말했다.

→ _____

04 I listened to someone said my nickname. 나는 누군가가 내 별명을 말하는 소리를 들었다.

→ _____

05 She asked they to work hard. 그녀는 그들에게 부지런히 일하라고 부탁했다.

→ _____

06 My parents let me to join the club. 나의 부모님은 내가 그 동아리에 참가하게 하셨다.

→ _____

Sentence Writing

Writing Guide

• 주어 + 사역동사 + 목적어 + 목적보어 (동사원형)	→	He had me clean the house.
• 주어 + 지각동사 + 목적어 + 목적보어 (동사원형)	→	We heard a bird sing a song.
• 주어 + want/tell/ask + 목적어 + 목적보어 (to부정사)	→	I wanted him to help her.

A 다음 우리말과 일치하도록 주어진 단어를 올바르게 배열하시오.

01 우리는 한 아이가 거리에서 우는 것을 보았다. (saw, a child, we, the street, cry, on)

➡ _____

02 그녀는 남편에게 빨래를 하게 했다. (had, her, the laundry, she, husband, do)

➡ _____

03 나의 아버지는 나에게 집에 머무르라고 말씀하셨다. (me, my, home, told, at, stay, to, father)

➡ _____

04 그는 무언가가 그의 팔 위를 기어가는 것을 느꼈다. (felt, arm, he, something, crawl up, his)

➡ _____

B 다음 주어진 말을 이용하여 우리말을 영작하시오.

01 나는 그들이 내 컴퓨터를 사용하게 하지 않을 것이다. (will, let)

➡ _____

02 그는 나에게 그 문을 닫게 했다. (make)

➡ _____

03 우리는 그 택시 운전사에게 조심스럽게 운전할 것을 부탁했다. (taxi driver, carefully)

➡ _____

04 너는 그녀가 기타를 치는 소리를 들었니? (listen to, guitar)

➡ _____

05 그들은 우리가 함께 하이킹을 가기를 원한다. (together)

➡ _____

A 다음 문장에서 알맞은 것을 고르시오.

01 They watched the sun   rises | rise   in the morning.

02 Sue   made | asked   me send the letter to him.

03 Jason wanted   us | we   to keep | kept   his secret.

04 My parents   told | had   me go to sleep early.

05 Did she tell the students   to be | be   quiet in class?

B 다음 주어진 우리말과 일치하도록 빈칸에 알맞은 말을 쓰시오.

01 그녀는 나에게 내 휴대전화를 빌려달라고 부탁했다.

→ She _____ me _____ her my cellphone.

02 너의 어머니가 네가 나와 함께 캠핑을 가게 해주실까?

→ Will your mother let _____ _____ camping with me?

03 우리는 그녀가 전화 통화하는 소리를 들었다.

→ We heard _____ _____ on the phone.

C 다음 주어진 말을 이용하여 우리말을 영작하시오.

01 우리 선생님은 우리에게 매일 일기를 쓰게 하신다. (have, write a diary)

→ _____

02 나의 부모님은 내가 건강하기를 원하신다. (healthy)

→ _____

03 나는 돌고래 한 마리가 바다에서 수영하는 것을 보았다. (see, in the sea)

→ _____

04 Brown 씨는 그의 학생들이 수업시간에 영어로 말하게 한다. (make, in English)

→ _____

Actual Test

[01-02] 다음 빈칸에 들어갈 수 있는 것을 고르시오.

01 We should always keep our bodies _____.

① clean   ② cleanly   ③ cleanness   ④ to clean   ⑤ cleans

02 I _____ her to do the dishes.

① had   ② heard   ③ asked   ④ saw   ⑤ made

[03-04] 다음 빈칸에 들어갈 수 <u>없는</u> 것을 고르시오.

03 His parents made him _____.

① happy   ② a scientist   ③ to study   ④ read books   ⑤ do exercise

04 The teacher _____ James clean the window.

① saw   ② wanted   ③ had   ④ let   ⑤ watched

[05-06] 다음 빈칸에 알맞은 말이 바르게 짝지어진 것을 고르시오.

05
    He had me _____ the work soon. It made me _____.

① finish, angry   ② to finish, angry   ③ finish, angrily
④ finished, angry   ⑤ to finish, angrily

06
    Don't let them _____ up the tree. Tell them _____ under the tree.

① to climb, to play   ② to climb, play   ③ climb, play
④ climb, played   ⑤ climb, to play

07 다음 빈칸에 공통으로 들어갈 알맞은 것을 고르시오.

· Keeping a pet _____ our lives better.
· He _____ his daughter a famous figure skater.
· My mother _____ me do my homework.

① made   ② had   ③ called   ④ saw   ⑤ kept

08 다음 중 밑줄 친 부분이 바르지 못한 것을 고르시오.

① Her song made me sadly.
② This blanket will keep us warm.
③ They elected him president.
④ I thought his attitude strange.
⑤ People named the river Mississippi.

09 다음 중 밑줄 친 부분이 올바른 것을 고르시오.

① She had me to carry the heavy box.
② Your sister wanted me help her.
③ Let me to know your email address.
④ My father always tells me be honest.
⑤ We watched him do a magic trick.

10 다음 중 올바른 문장이 아닌 것을 두 개 고르시오.

① I heard he listen to the radio.
② Please don't leave me alone.
③ He called his daughter a little princess.
④ She made me to turn on the TV.
⑤ Julia asked me to return her umbrella.

[11-12] 다음 우리말을 영작했을 때 밑줄 친 부분 중 틀린 것을 고르시오.

11 나는 그가 피곤하다고 생각해서, 그를 일찍 잠자리에 들게 했다.

→ I thought him tired, so I made him to go to bed early.
         ① ②   ③ ④ ⑤

12 Baker 씨는 내 동생이 소리 지르는 것을 들었다. 그는 그녀에게 조용히 해달라고 부탁했다.

→ Mr. Baker heard my sister shouted. He asked her to be quiet.
           ①   ②   ③ ④ ⑤

13 다음 중 우리말을 올바르게 영작한 것이 아닌 것을 고르시오.

① 나의 이모는 그에게 그 의자를 고치게 했다. → My aunt made him fix the chair.
② 네 친구를 거짓말쟁이라고 부르지 말아라. → Don't call your friend a liar.
③ 나는 그녀가 산책하는 것을 보았다. → I saw she to take a walk.
④ 그의 새 직업은 그를 매우 피곤하게 만들었다. → His new job made him very tired.
⑤ 나는 네가 그 규칙을 어기는 것을 원하지 않는다. → I don't want you to break the rule.

14 우리는 Brian이 정직하다고 생각해서, 그를 반장으로 선출했다.

→ We thought Brian _____, so we _____ _____ class president.

15 우리는 네가 거짓말하는 것을 원치 않는다. 우리가 진실을 알게 해주라.

→ We don't want you _____ a lie. Let _____ _____ the truth.

[16-17] 다음 주어진 말을 이용하여 우리말을 영작하시오.

16 그 소식은 우리를 놀라게 만들었다. (make, surprised)

→ _____

17 Mike는 내가 그에게 사과하게 했다. (have, apologize to)

→ _____

[18-23] 다음 표를 보고 글을 완성하시오. (Baker 씨는 학생들에게 청소를 시키고 있다.)

Student's Name	Thing to Do	Student's Name	Thing to Do
Julia	open the windows	Eric	help Dave
Dave	move the desks	Tommy	clean the floor
Kate	erase the blackboard	Ann	go back home

18 Mr. Baker made Julia _____.

19 He wanted Dave _____ because he was strong.

20 He asked Kate _____.

21 He saw Eric _____.

22 He had Tommy _____.

23 He told Ann _____ because she was sick.

Chapter

05 수동태

✔ 영작 Key Point

능동태와 수동태	능동태	주어가 행동을 하는 주체일 때	People use the Internet.
	수동태	주어가 행위를 받거나 당하는 대상일 때	The Internet is used by people.
수동태의 시제	현재	am/are/is + 과거분사	She is helped by them.
	과거	was/were + 과거분사	The book was written by him.
	미래	will be + 과거분사	The room will be cleaned by us.

UNIT 09 능동태와 수동태의 의미와 형태

A 능동태와 수동태

'~가 ~하다'와 같이 주어가 행동을 하는 주체일 때는 능동태를 쓰지만, '~가 ~받다(되다, 당하다)'와 같이 주어가 행위를 받거나 당하는 대상일 때는 수동태를 쓴다. 수동태의 동사는 「be동사 + 과거분사」의 형태이고, 행위자는 「by + 행위자」로 동사 뒤에 쓴다.

	쓰임	예문
능동태	주어가 행동을 하는 주체일 때	Everyone loves her. 모든 사람이 그녀를 사랑한다. People recycle paper. 사람들은 종이를 재활용한다.
수동태	주어가 행위를 받거나 당하는 대상일 때	She is liked by everyone. 그녀는 모든 사람의 사랑을 받는다. Paper is recycled by people. 종이는 사람들에 의해 재활용된다.

B 수동태 만드는 법

목적어가 있는 능동태 문장을 수동태 문장으로 바꾸는 방법은 다음과 같다.

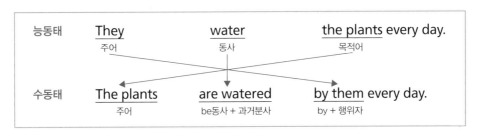

Step 1 능동태의 목적어를 수동태의 주어 자리에 놓는다. 능동태의 목적어가 대명사의 목적격일 때 주격으로 바꾼다.

Step 2 능동태의 동사를 「be동사 + 과거분사」의 형태로 바꾼다. be동사는 주어의 인칭과 수에 맞추고, 시제는 능동태의 시제와 일치시킨다.

Step 3 능동태의 주어인 행위자를 「by + 행위자」로 바꿔 동사 뒤에 쓰는데, 능동태의 주어가 대명사일 때 목적격으로 바꾼다.

C 수동태 문장에서 행위자의 생략

수동태 문장에서 행위자는 「by + 행위자」로 동사 뒤에 쓰는데, 다음의 경우에는 행위자를 생략할 수 있다.

• 행위자가 일반적인 사람이거나 중요하지 않을 때

　EX English is spoken in Canada. 영어는 캐나다에서 사용된다.

• 행위자가 불분명하거나 알 수 없을 때

　EX The window was broken yesterday. 그 창문은 어제 깨졌다.

A 다음 문장을 밑줄 친 부분에 유의하여 해석하시오.

01 This museum is visited by many Koreans.

→ _____

02 The vegetables are grown by my grandmother.

→ _____

03 This book was written by Hemingway.

→ _____

04 Smartphones are used by many people.

→ _____

05 The palace was built by them 100 years ago.

→ _____

B 다음 문장에서 알맞은 것을 고르시오.

01 They love | are loved by their parents.

02 My parents love | are loved me.

03 *Harry Potter* is read | reads by many children.

04 We use | are used the Internet every day.

05 Japanese speaks | is spoken in Japan.

06 Jack invited | was invited me to his party.

07 Hangeul was invent | was invented by King Sejong.

08 Mr. Brown is taught | teaches English to us.

09 The rock moved | was moved by him | he .

10 The picture was painted | painted by Picasso in 1937.

11 This pizza was cooked by my father | my father .

12 Apples and pears pick | are picked in autumn.

> **Grammar Guide**
> · 능동태는 주어가 행동을 하는 주체일 때 사용하며 「주어 + 동사 + 목적어」의 형태이다.
> · 수동태는 주어가 행위를 받거나 당하는 대상일 때 사용하며 「주어 + be동사 + 과거분사 + by + 행위자」의 형태이다.

Grammar Practice II

A 다음 괄호 안의 동사를 빈칸에 알맞은 형태로 바꾸어 쓰시오. (단, 과거 시제로 쓰시오.)

01 My father _____ the tree when I was 5 years old. (plant)

→ The tree _____ by my father when I was 5 years old.

02 *Sunflowers* _____ by Van Gogh in 1888. (paint)

→ Van Gogh _____ *Sunflowers* in 1888.

03 We _____ the snowman yesterday. (make)

→ The snowman _____ by us yesterday.

04 The music _____ by Beethoven. (compose)

→ Beethoven _____ the music.

05 This novel _____ by many people. (read)

→ Many people _____ this novel.

B 다음 능동태 문장을 수동태 문장으로 바꾸어 쓰시오.

01 He washes the car on the weekend.

→ _____

02 Shakespeare wrote *Romeo and Juliet*.

→ _____

03 We clean the classroom after school.

→ _____

04 I broke the flower vase in the morning.

→ _____

05 Canadians speak English and French.

→ _____

06 Thomas Edison invented the light bulb.

→ _____

A 다음 주어진 우리말과 일치하도록 빈칸에 알맞은 말을 쓰시오.

01 이 이메일은 뉴욕에 있는 내 여동생에 의해 보내졌다.

→ This email _____ _____ my sister in New York.

02 그 어려운 문제는 그녀에 의해 풀렸다.

→ The difficult question _____ by _____.

03 그 사고는 한국인들에 의해 기억된다.

→ The accident _____ _____ Koreans.

04 Sam이 그 컴퓨터를 고장 냈고, 그것은 나에 의해 수리되었다.

→ Sam _____ the computer, and it _____ by me.

05 나는 그 노래를 안다. 그 노래는 모든 사람에 의해 사랑을 받는다.

→ I _____ the song. The song _____ by everyone.

B 다음 문장의 틀린 부분을 바르게 고쳐 문장을 다시 쓰시오.

01 Honey makes by bees. 꿀은 벌에 의해 만들어진다.

→ _____

02 We were ordered Chinese food for lunch. 우리는 점심으로 중국 음식을 주문했다.

→ _____

03 His song is sang by a lot of girls. 그의 노래는 많은 소녀들에 의해 불린다.

→ _____

04 The trees were planted by they. 그 나무들은 그들에 의해 심어졌다.

→ _____

05 The newspaper is delivered for him every day. 신문은 매일 그에 의해 배달된다.

→ _____

06 The buildings was built by Koreans. 그 건물들은 한국인들에 의해 지어졌다.

→ _____

Sentence Writing

Writing Guide

· 주어가 행동을 하는 주체일 때 능동태 「주어 + 동사 + 목적어」 순으로 쓴다.　　→　I helped him.
· 주어가 행위를 받는 대상일 때 수동태 「주어 + be동사 + 과거분사 + by + 행위자」 순으로 쓴다.　→　He was helped by me.

A 다음 우리말과 일치하도록 주어진 단어를 올바르게 배열하시오.

01　그 로봇은 작년에 그들에 의해 발명되었다. (them, invented, last year, the robot, was, by)

➡ _____

02　네 개의 언어가 스위스에서 사용된다. (spoken, four, Switzerland, are, languages, in)

➡ _____

03　이 웹사이트는 많은 사람들에 의해 방문된다. (website, is, this, by, a lot of, visited, people)

➡ _____

04　나는 잠자리에 들기 전에 이를 닦는다. (teeth, before, my, brush, I, I go to bed)

➡ _____

B 다음 주어진 말을 이용하여 우리말을 영작하시오.

01　그 외국인들은 지금 한국어를 배우고 있다. (foreigner)

➡ _____

02　그 도둑은 경찰에 의해 붙잡혔다. (catch, the police)

➡ _____

03　그 잡지들은 서점에서 팔린다. (magazine, bookstore)

➡ _____

04　어제 그 야구 경기는 취소되었다. (cancel)

➡ _____

05　그 행성은 한 과학자에 의해 발견되었다. (planet, discover)

➡ _____

A 다음 문장에서 알맞은 것을 고르시오.

01 Breakfast   is cooked | is cooks   by my father on the weekend.

02 The puzzles   solved | were solved   by a clever boy.

03 The uniform was designed by   her | hers .

04 This Christmas card   wrote | was written   by my friend.

05 Some cookies   is served | are served   at the restaurant for dessert.

B 다음 주어진 우리말과 일치하도록 빈칸에 알맞은 말을 쓰시오.

01 이 무료 샘플들은 매달 그 회사에 의해 보내진다.

→ These free samples _____ _____ the company every month.

02 내 컴퓨터는 어제 그녀에 의해 사용되었다.

→ My computer _____ by _____ yesterday.

03 세종대왕이 한글을 발명했다. 한글은 한국인들에 의해 사용된다.

→ King Sejong _____ Hangeul. Hangeul _____ by Koreans.

C 다음 주어진 말을 이용하여 우리말을 영작하시오.

01 많은 코끼리가 사냥꾼들에 의해 죽임을 당했다. (kill)

→ _____

02 많은 차들이 한국에서 생산된다. (a lot of, produce)

→ _____

03 그녀의 귀걸이들은 소파 아래에서 발견되었다. (find)

→ _____

04 그 가난한 사람들은 정부에 의해 도움을 받는다. (poor, the government)

→ _____

수동태의 시제

A 수동태의 시제

수동태의 동사는 「be동사 + 과거분사」의 형태로 수동태의 현재, 과거, 미래 시제는 be동사로 표현한다. 현재 시제는 과거분사 앞에 be동사의 현재형 am/are/is를 쓰고, 과거 시제는 be동사의 과거형 was/were를 쓰고, 미래 시제는 be동사의 원형 be 앞에 will을 쓴다.

시제	수동태의 동사	예문
현재	am/are/is + 과거분사	I am loved by my grandparents. 나는 조부모님의 사랑을 받는다. We are helped by them. 우리는 그들의 도움을 받는다. It is written by Shakespeare. 그것은 셰익스피어에 의해 쓰였다.
과거	was/were + 과거분사	The chair was moved by me. 그 의자는 나에 의해 옮겨졌다. My glasses were broken by him. 내 안경은 그에 의해 깨졌다.
미래	will be + 과거분사	You will be praised by her. 너는 그녀에 의해 칭찬을 받을 것이다. She will be remembered by us. 그녀는 우리들에 의해 기억될 것이다.

➔ **Grammar Plus** 수동태의 미래 시제는 will 뒤에 be동사의 원형 be가 오므로 「will be + 과거분사」의 형태가 된다.
The wall will is painted by him. (X) → The wall will be painted by him. (O)

B 수동태의 부정문과 의문문

수동태의 부정문은 be동사와 과거분사 사이에 not을 쓰고, 수동태의 의문문은 주어와 be동사의 위치를 바꾸고 맨 뒤에 물음표를 붙인다.

수동태의 부정문	am/are/is + not + 과거분사	The song is not sung by people. 그 노래는 사람들에 의해 불리지 않는다.
	was/were + not + 과거분사	The memo was not written by her. 그 메모는 그녀에 의해 쓰이지 않았다.
수동태의 의문문	Am/Are/Is + 주어 + 과거분사 ~?	Is the computer used by him? No, it isn't. 그 컴퓨터는 그에 의해 사용되니? 아니, 그렇지 않아.
	Was/Were + 주어 + 과거분사 ~?	Were they invited to the party? Yes, they were. 그들은 그 파티에 초대받았니? 응, 그랬어.

➔ **Grammar Plus** be동사로 시작하는 의문문에 대한 대답은 Yes/No로 하는데, Yes 뒤에는 「주어 + be동사」가 오고, No 뒤에는 「주어 + be동사 + not」이 온다.

A 다음 문장을 밑줄 친 부분에 유의하여 해석하시오.

01 <u>Is</u> the Internet used by a lot of people?

→ _____

02 The project <u>will be finished</u> by us next week.

→ _____

03 <u>Was</u> *Hamlet* <u>written</u> by Shakespeare?

→ _____

04 The window <u>was not broken</u> by my brother.

→ _____

05 A lot of stars <u>are seen</u> at night in the country.

→ _____

B 다음 문장에서 알맞은 것을 고르시오.

01 The telephone   is invented | was invented   by Bell.

02 The car   is washed | are washed   by him every day.

03 The bike will   be | is   fixed by David soon.

04 The trees   is grown | are grown   by her.

05   Was | Were   the bags made by the student?

06 The fish   were | are   eaten by the cat yesterday.

07 Is a Christmas carol   sang | sung   on Christmas?

08 The books   are | is   not read by many people.

09 We will   be visited | visit   him in New York.

10 The picture   wasn't painted | didn't paint   by Picasso.

11 His present   is delivered | will be delivered   tomorrow.

12   Did | Was   your car key found? Yes, it   was | did .

> **Grammar Guide**
> • 수동태의 현재 시제:
>   am/are/is + (not) + 과거분사
> • 수동태의 과거 시제:
>   was/were + (not) + 과거분사
> • 수동태의 미래 시제:
>   will be + 과거분사

Grammar Practice II

A 다음 괄호 안의 동사를 빈칸에 알맞은 형태로 바꾸어 쓰시오.

01   My grandmother _____ the flowers every day. (water)

→ The flowers _____ by my grandmother every day.

02   We _____ the movie next week. (watch)

→ The movie _____ by us next week.

03   The Wright brothers _____ the airplane. (invent)

→ The airplane _____ by the Wright brothers.

04   She _____ a novel five years later. (write)

→ A novel _____ by her five years later.

05   They _____ the festival yesterday. (cancel)

→ The festival _____ by them yesterday.

B 다음 보기와 같이 주어진 문장을 수동태 문장으로 바꾸어 쓰시오.

> 보기   My teacher punished David and Mike.
>   →   David and Mike were punished by my teacher.

01   The sunlight burns our skin.

→ _____

02   Mark invited us to his birthday party.

→ _____

03   Mr. Smith will keep the promise.

→ _____

04   He solved the mysteries.

→ _____

05   They don't speak French and English.

→ _____

A 다음 주어진 우리말과 일치하도록 빈칸에 알맞은 말을 쓰시오.

01 그 책은 한국어로 쓰여있지 않다.

→ The book _____ _____ _____ in Korean.

02 그의 안경은 그 사고에서 깨지지 않았다.

→ His glasses _____ _____ _____ in the accident.

03 오늘 밤 보름달이 하늘에서 보일 것이다.

→ The full moon _____ _____ _____ in the sky tonight.

04 많은 에너지가 이 기계에 의해 절약된다.

→ A lot of energy _____ _____ by this machine.

05 이 그림들은 그녀에 의해 그려진 것이니? 아니, 그렇지 않아.

→ _____ these pictures _____ by her? No, they _____.

B 다음 문장의 틀린 부분을 바르게 고쳐 문장을 다시 쓰시오.

01 English is speak in many countries. 영어는 많은 나라에서 사용된다.

→ _____

02 The news will is reported to the world. 그 뉴스는 전 세계로 보도될 것이다.

→ _____

03 Rome didn't build in a day. 로마는 하루 아침에 이루어지지 않았다.

→ _____

04 Were the tickets buy by your friend? 그 표들은 네 친구에 의해 구매되었니?

→ _____

05 The Olympic Games held in Seoul in 1988. 1988년에 서울에서 올림픽 경기가 열렸다.

→ _____

06 Do paper and plastic recycled by people? 종이와 플라스틱은 사람들에 의해 재활용되니?

→ _____

Sentence Writing

Writing Guide

- 수동태의 현재 시제는 「주어 + am/are/is + (not) + 과거분사」 순으로 쓴다. → She is loved by people.
- 수동태의 과거 시제는 「주어 + was/were + (not) + 과거분사」 순으로 쓴다. → I was born in 2005.
- 수동태의 미래 시제는 「주어 + will be + 과거분사」 순으로 쓴다. → It will be fixed by him.

A 다음 우리말과 일치하도록 주어진 단어를 올바르게 배열하시오.

01 내일 샌드위치가 점심으로 제공될 것이다. (for lunch, be, will, tomorrow, served, sandwiches)

➡ _____

02 그 치즈 케이크는 그녀에 의해 만들어진 것이니? (the cheesecake, her, by, baked, was, ?)

➡ _____

03 그 음악은 모차르트에 의해 작곡되지 않았다. (Mozart, was, by, the music, composed, not)

➡ _____

04 그 교통법규는 운전자들에 의해 지켜지지 않는다. (followed, drivers, not, the traffic rules, by, are)

➡ _____

B 다음 주어진 말을 이용하여 우리말을 영작하시오.

01 그 대통령은 사람들의 존경을 받는다. (respect)

➡ _____

02 내 조카가 다음 달에 태어날 것이다. (bear)

➡ _____

03 미국은 1492년에 콜럼버스에 의해 발견되었다. (Columbus, discover)

➡ _____

04 그 건물들은 가우디에 의해 지어졌다. (Gaudi, build)

➡ _____

05 그 미술관은 주말에 6시에 닫히지 않는다. (gallery)

➡ _____

A 다음 문장에서 알맞은 것을 고르시오.

01 The concert tickets   are sold | is sold   online.

02 Your bike   is repaired | will be repaired   by tomorrow.

03 The computer   wasn't | didn't   bought by my brother.

04 The new teacher will   be | are   welcomed by us.

05 Was breakfast   serve | served   at the hotel?

B 다음 주어진 우리말과 일치하도록 빈칸에 알맞은 말을 쓰시오.

01 오늘 아침에 우유가 배달되지 않았다.

→ Milk _____ _____ _____ this morning.

02 이 물고기들은 네 할아버지에 의해 잡힌 것이니?

→ _____ these fish _____ by your grandfather?

03 내일 비가 올 것이기 때문에 그 경기는 취소될 것이다.

→ Because it will rain tomorrow, the game _____ _____ _____.

C 다음 주어진 말을 이용하여 우리말을 영작하시오.

01 올림픽 경기는 4년마다 열린다. (hold, every four years)

→ _____

02 그 장갑은 나의 할머니에 의해 짜였다. (knit)

→ _____

03 이 책들은 가난한 아이들에게 보내질 것이다. (poor)

→ _____

04 그 울타리는 나의 아버지에 의해 칠해지지 않았다. (fence)

→ _____

Actual Test

[01-02] 다음 빈칸에 들어갈 수 있는 것을 고르시오.

01 French is _____ in Canada.

    ① spoken   ② speak   ③ speaking   ④ speaks   ⑤ to speak

02 The computer will be fixed _____ my uncle.

    ① with   ② to   ③ for   ④ by   ⑤ on

[03-04] 다음 빈칸에 들어갈 수 없는 것을 고르시오.

03 His glasses were not broken by _____.

    ① him   ② his son   ③ she   ④ me   ⑤ Mike

04 Was the magazine _____ by Mr. Smith?

    ① read   ② write   ③ brought   ④ bought   ⑤ borrowed

05 다음 문장을 바꾸어 쓸 때 빈칸에 알맞은 말이 바르게 짝지어진 것을 고르시오.

    Frost _____ the poem. ➡ The poem _____ by Frost.

    ① wrote, wrote   ② wrote, written   ③ was written, wrote
    ④ wrote, was written   ⑤ was written, was written

06 다음 대화의 빈칸에 들어갈 알맞은 것을 고르시오.

    Ⓐ Who _____ this house? Ⓑ It _____ by my grandfather in 1997.

    ① built, was built   ② was built, built   ③ built, is built
    ④ built, built   ⑤ was built, was built

07 다음 빈칸에 알맞은 말이 바르게 짝지어진 것을 고르시오.

    · They _____ not invited to the party yesterday.
    · _____ the Internet used by many people?
    · You will _____ praised by your parents.

    ① was, Is, be   ② were, Are, are   ③ was, Is, are
    ④ were, Is, are   ⑤ were, Is, be

08 다음 중 밑줄 친 부분이 바르지 못한 것을 고르시오.

① Cellphones <u>are used</u> by many people.
② My bike <u>was not stolen</u> last night.
③ Her story <u>will love</u> by teenagers.
④ Ice <u>is melted</u> by heat.
⑤ The pictures <u>were drawn</u> by Picasso.

09 다음 중 올바른 문장이 <u>아닌</u> 것을 <u>두 개</u> 고르시오.

① His name will be remembered forever.
② Were you invited by James?
③ The church built 30 years ago.
④ The road is not used by people.
⑤ The song are sung by many children.

10 다음 중 능동태 문장을 수동태 문장으로 바르게 바꾼 것을 고르시오.

① She chose the red dress. → The red dress was chosen by she.
② They will make a model plane. → A model plane will made by them.
③ He didn't open the box. → The box didn't be opened by him.
④ Everyone reads the poem. → The poem was read by everyone.
⑤ I will send the letter soon. → The letter will be sent by me soon.

[11-12] 다음 우리말을 영작했을 때 밑줄 친 부분 중 <u>틀린</u> 것을 고르시오.

11 누가 거북선을 만들었니? 그것은 이순신에 의해서 만들어졌어.

➡ <u>Who</u> <u>was made</u> the turtle ship? It <u>was</u> <u>made</u> <u>by</u> Yi Soonshin.
   ①   ②   ③   ④   ⑤

12 Jake는 어제 거짓말을 해서 선생님에게 벌을 받았다.

➡ Jake <u>told</u> a lie yesterday, <u>so</u> he <u>was</u> <u>punish</u> <u>by</u> his teacher.
     ①   ②   ③   ④   ⑤

13 다음 중 우리말을 올바르게 영작한 것이 <u>아닌</u> 것을 고르시오.

① 그 규칙들은 그들에 의해 지켜지지 않는다. → The rules are not followed by them.
② 네 소포는 어제 배달되었니? → Was your package delivered yesterday?
③ 그 강 위로 다리가 건설될 것이다. → A bridge will be built over the river.
④ 우리는 그를 파티에 초대했다. → We were invited to the party by him.
⑤ 그의 소설은 한국인들에 의해 읽히니? → Is his novel read by Koreans?

[14-15] 다음 주어진 우리말과 일치하도록 빈칸에 알맞은 말을 쓰시오.

14 많은 물이 이 프로젝트에 의해 절약될 것이다.

➡ A lot of water _____ _____ _____ by this project.

15 그 사진들은 Tim에 의해 찍혔니? 아니, 내가 그것들을 찍었어.

➡ _____ the pictures _____ by Tim? No, I _____ them.

[16-17] 다음 주어진 말을 이용하여 우리말을 영작하시오.

16 그 음악 축제는 일 년에 한 번 열린다. (music festival, once a year)

➡ _____

17 어제 그의 돈은 도난당하지 않았다. (steal)

➡ _____

[18-20] 다음 표를 보고 글을 완성하시오.

Name	What They Do	Name	What They Do
Tommy	bring some flowers	Eric	read some books
Dave	write a card	Amy	do my homework
Bill	send an email	James	carry my bag

18 When I was sick in bed, my friends visited me.

Last weekend, some flowers _____ by Tommy, and a card

_____ by Dave.

19 Yesterday, an email _____ by Bill, and some books _____ by Eric.

20 After I get well, my homework _____ by Amy, and my bag

_____ by James. I thank all my friends.

Chapter 06 관계대명사

✔ 영작 Key Point

선행사	관계대명사		예문
사람	주격	who	I know the man who is singing.
	목적격	whom	I know the man whom you want to meet.
사물, 동물	주격	which	She has a dog which has black spots.
	목적격	which	This is the hat which I bought.
사람, 사물, 동물	주격	that	The boy that is tall is handsome.
	목적격	that	The picture that he drew looks great.

UNIT 11 주격 관계대명사

A 관계대명사의 개념

관계대명사는 두 문장을 연결하는 접속사와 대명사의 역할을 하는데, 관계대명사가 이끄는 절은 앞에 나온 명사를 꾸며준다. 관계대명사의 꾸밈을 받는 명사를 선행사라고 하며, 선행사에 따라 관계대명사는 who, which, that을 사용한다.

I know **the girl**. + She dances well.
→ I know **the girl**, and she dances well. 나는 그 소녀를 아는데, 그녀는 춤을 잘 춘다.
     (선행사) (관계대명사)
→ I know **the girl** who dances well. 나는 춤을 잘 추는 그 소녀를 안다.

B 주격 관계대명사와 문장 만들기

주격 관계대명사는 관계대명사가 이끄는 문장 안에서 주어 역할을 한다. 따라서 주격 관계대명사를 사용하여 두 문장을 연결할 때 주격 관계대명사 뒤에 바로 동사를 쓰고, 동사는 선행사의 인칭과 수에 일치시킨다.

선행사	주격 관계대명사	예문
사람	who	I met a boy who sings well. 나는 노래를 잘하는 한 소년을 만났다.
사물, 동물	which	Look at the cat which is sleeping. 잠을 자는 고양이를 보아라.
사람, 사물, 동물	that	I have a dog that is big. 나는 큰 개가 한 마리 있다.

➔ **Grammar Plus** 주격 관계대명사 that은 who, which 대신 쓸 수 있다.

- 선행사가 사람일 때

  I have **an uncle**. + He lives in Hong Kong.
  → I have **an uncle** who lives in Hong Kong. 나는 홍콩에 사는 삼촌이 있다.
      (선행사) (관계대명사)

- 선행사가 사물이나 동물일 때

  He read **two books**. + They were about birds.
  → He read **two books** which were about birds. 그는 새에 관한 두 권의 책을 읽었다.
      (선행사) (관계대명사)

- 선행사가 사람이나 사물, 동물일 때

  The class is math. + It begins at 9.
  → **The class** that begins at 9 is math. 9시에 시작하는 수업은 수학이다.
    (선행사) (관계대명사)

A 다음 문장에서 관계대명사를 찾아 밑줄을 긋고 해석하시오.

01 Look at the children who are playing on the playground.

→ _____

02 We saw some frogs which were in the pond.

→ _____

03 This is a sad movie that makes me cry.

→ _____

04 The vase which is on the table is very expensive.

→ _____

05 Do you know the woman who is standing behind Kate?

→ _____

B 다음 문장에서 알맞은 것을 고르시오.

01 He punished the boy who | which broke the window.

02 Math is a subject which | who is very difficult.

03 Jessica lost her puppy who | that has brown eyes.

04 The lady who | which is wearing glasses is my aunt.

05 A parrot is a bird who | which can talk.

06 People like the singer who | which is beautiful.

07 The building who | that has big windows is a library.

08 Mr. Smith likes students that | which aren't late for school.

09 I don't like music which make | makes me sleepy.

10 Did you water the plants which are | is in the yard?

11 They watched a boy | a house who was wearing rain boots.

12 She remembers the girl | the picture which is on the wall.

> **Grammar Guide**
> • 선행사가 사람일 때 주격 관계대명사 who, 사물이나 동물일 때 which, 사람이나 사물, 동물일 때 that을 쓴다.
> • 주격 관계대명사 뒤에 오는 동사는 선행사의 인칭과 수에 일치시킨다.

Grammar Practice II

A 다음 관계대명사를 사용하여 한 문장으로 바꾸어 쓸 때 빈칸에 알맞은 말을 쓰시오.

01 People don't like the girl. She often tells lies.

→ People don't like the girl _____ often _____ lies.

02 We heard the news. It was amazing.

→ We heard the news _____ _____ amazing.

03 The man is handsome. He speaks English well.

→ The man _____ _____ English well is handsome.

04 Some letters were in the box. They were written by my mother.

→ Some letters _____ _____ written by my mother were in the box.

05 He will visit his grandparents. They live in New York.

→ He will visit his grandparents _____ _____ in New York.

B 다음 보기와 같이 관계대명사를 사용하여 한 문장으로 바꾸어 쓰시오.

보기 ▶ Mary has two friends. They dance well.

→ <u>Mary has two friends who (= that) dance well.</u>

01 He has a digital camera. It looks very expensive.

→ _____

02 We know the man. He works at the bank.

→ _____

03 There is a cat. It is sleeping on the sofa.

→ _____

04 Children like the books. They have a lot of pictures.

→ _____

05 My father is a teacher. He teaches science at school.

→ _____

A 다음 주어진 우리말과 일치하도록 빈칸에 알맞은 말을 쓰시오.

01 이것들은 사막에서 자라는 나무들이다.

→ These are the trees ＿＿＿＿＿ ＿＿＿＿＿ in the desert.

02 나는 약속을 어기는 사람을 좋아하지 않는다.

→ I don't like a person ＿＿＿＿＿ ＿＿＿＿＿ promises.

03 Toby는 눈이 먼 사람들을 도와주는 개다.

→ Toby is a dog ＿＿＿＿＿ ＿＿＿＿＿ blind people.

04 그녀는 다섯 살인 남동생을 돌보고 있다.

→ She is taking care of her brother ＿＿＿＿＿ ＿＿＿＿＿ 5 years old.

05 너는 책상 위에 있던 내 가위를 썼니?

→ Did you use my scissors ＿＿＿＿＿ ＿＿＿＿＿ on the desk?

B 다음 문장의 틀린 부분을 바르게 고쳐 문장을 다시 쓰시오.

01 Ford is a company who makes cars. 포드는 자동차를 만드는 회사다.

→ ＿＿＿＿＿＿＿＿＿＿＿＿＿＿＿＿＿＿＿＿＿＿＿＿＿＿

02 He is a doctor which help sick people. 그는 아픈 사람들을 도와주는 의사다.

→ ＿＿＿＿＿＿＿＿＿＿＿＿＿＿＿＿＿＿＿＿＿＿＿＿＿＿

03 She has a bird which it can talk. 그녀는 말을 할 수 있는 새를 가지고 있다.

→ ＿＿＿＿＿＿＿＿＿＿＿＿＿＿＿＿＿＿＿＿＿＿＿＿＿＿

04 Wear the trousers which is on the sofa. 소파 위에 있는 바지를 입어라.

→ ＿＿＿＿＿＿＿＿＿＿＿＿＿＿＿＿＿＿＿＿＿＿＿＿＿＿

05 The girls who they are dancing are my friends. 춤추고 있는 그 소녀들은 내 친구들이다.

→ ＿＿＿＿＿＿＿＿＿＿＿＿＿＿＿＿＿＿＿＿＿＿＿＿＿＿

Sentence Writing

Writing Guide

· 선행사가 사람일 때 주격 관계대명사 who, 사물이나 동물일 때 which, 사람이나 사물, 동물일 때 that을 쓴다.
→ I know the man who won the game. The hat which is red is mine.
· 주격 관계대명사 뒤에 오는 동사는 선행사의 인칭과 수에 일치시킨다.　　→　　Look at the birds that are flying.

A 다음 우리말과 일치하도록 주어진 단어를 올바르게 배열하시오.

01 야구를 하는 몇 명의 아이들이 있다. (some, there, playing, are, children, who, baseball, are)

➡ _____

02 나는 상자 안에 있는 네 부츠를 보았다. (which, your, were, in, I, the box, saw, boots)

➡ _____

03 뱀은 겨울 동안에 잠을 자는 동물이다. (sleeps, a snake, is, during, that, an animal, the winter)

➡ _____

04 그는 집이 없는 가난한 사람들을 돕는다. (he, people, houses, who, helps, don't, have, poor)

➡ _____

B 다음 주어진 말을 이용하여 우리말을 영작하시오.

01 꿀벌은 꿀을 만드는 곤충이다. (insect, honey)

➡ _____

02 이 아이가 일등상을 받은 소년이다. (win, first prize)

➡ _____

03 우리는 새롭고 창의적인 그의 생각들을 좋아한다. (creative)

➡ _____

04 선생님은 학생들을 가르치는 사람이다. (person)

➡ _____

05 나는 셰익스피어에 의해 쓰인 두 권의 책을 읽었다. (Shakespeare)

➡ _____

A 다음 문장에서 알맞은 것을 고르시오.

01 A rose is a flower   who | which   has thorns.

02 I often help a friend   who | which   is always busy.

03 Did you see the accident   who | which   happened last night?

04 The apples which   are | is   in the basket look delicious.

05 Look at   the children | the monkeys   which are eating bananas.

B 다음 주어진 우리말과 일치하도록 빈칸에 알맞은 말을 쓰시오.

01 그녀는 우리를 행복하게 만드는 아름다운 노래들을 부른다.

→ She sings beautiful songs _____ _____ us happy.

02 100년 전에 지어진 그 다리는 여전히 튼튼하다.

→ The bridge _____ _____ built 100 years ago is still strong.

03 서로 싸우고 있는 그 소년들은 내 친구들이다.

→ The boys _____ _____ fighting each other are my friends.

C 다음 주어진 말을 이용하여 우리말을 영작하시오.

01 캥거루는 호주에서 사는 동물이다. (Australia)

→ _____

02 그 도둑은 돈으로 가득 찬 가방을 가지고 있다. (be full of)

→ _____

03 너는 그 고양이들에게 먹이를 주는 사람들을 아니? (feed)

→ _____

04 의사가 되기를 원하는 학생들은 열심히 공부해야 한다. (be, should)

→ _____

UNIT 12 목적격 관계대명사

A 목적격 관계대명사의 개념

목적격 관계대명사는 관계대명사가 이끄는 문장 안에서 목적어 역할을 한다. 따라서 목적격 관계대명사 뒤에는 주어와 목적어를 필요로 하는 동사가 오고, 목적어는 없다.

I lost **the bag**. + He bought it for me.

(선행사) (관계대명사)

→ I lost **the bag** which he bought for me. 나는 그가 나에게 사준 가방을 잃어버렸다.

B 목적격 관계대명사와 문장 만들기

선행사에 따라 목적격 관계대명사는 whom, which, that을 사용한다. 목적격 관계대명사를 사용하여 두 문장을 연결할 때 목적격 관계대명사 뒤에 주어와 목적어를 필요로 하는 동사를 쓰고, 목적어는 쓰지 않는다.

선행사	목적격 관계대명사	예문
사람	whom	The man whom you met is a famous writer. 네가 만났던 그 남자는 유명한 작가다.
사물, 동물	which	The cat which I have is smart. 내가 기르는 그 고양이는 똑똑하다.
사람, 사물, 동물	that	I like the music that you listen to every day. 나는 네가 매일 듣는 그 음악을 좋아한다.

➜ **Grammar Plus** 목적격 관계대명사 that은 whom, which 대신 쓸 수 있다.

• 선행사가 사람일 때

   I know **the girl**. + Mike likes her.
   → I know **the girl** whom Mike likes. 나는 Mike가 좋아하는 소녀를 안다.
         (선행사) (관계대명사)

• 선행사가 사물이나 동물일 때

   We remember **the song**. + You sang it.
   → We remember **the song** which you sang. 우리는 네가 불렀던 노래를 기억한다.
               (선행사) (관계대명사)

• 선행사가 사람이나 사물, 동물일 때

   The cookies are delicious. + She made them.
   → **The cookies** that she made are delicious. 그녀가 만든 그 쿠키는 맛있다.
         (선행사) (관계대명사)

A 다음 문장에서 관계대명사를 찾아 밑줄을 긋고 해석하시오.

01 The boy whom I met at the party is very tall.

→ _____

02 This is the house which my grandfather built.

→ _____

03 The dog that she lost yesterday has a white tail.

→ _____

04 Mr. Brown is the English teacher whom I like the most.

→ _____

05 Did you read the books which I lent you?

→ _____

B 다음 문장에서 알맞은 것을 고르시오.

01 He is the singer   whom | which   I want to meet.

02 Do you have the email   who | which   I sent you?

03 The child   whom | which   we help is an orphan.

04 The toy car   who | which   you broke is expensive.

05 Show me the picture   that | whom   Sam drew.

06 The fish   whom | which   my father caught were big.

07 These are the flowers   whom | that   he gave me.

08 The students   that | which   he teaches are 12 years old.

09 She remembered the letter   who | which   her son wrote.

10 Look at   the boy | the cats   which I found on the street.

11 It is   the museum | the uncle   which we visited last summer.

12 These are my   friends | puppies   whom I love.

Grammar Guide

• 선행사가 사람일 때 목적격 관계대명사 whom, 사물이나 동물일 때 which, 사람이나 사물, 동물일 때 that을 쓴다.

Grammar Practice II

A 다음 빈칸에 알맞은 관계대명사를 쓰시오.

01 People remember the boy _____ the firefighter saved.

02 Tell me about the movie _____ you watched yesterday.

03 The man _____ I met a few minutes ago looked strange.

04 Have you ever read the book _____ Shakespeare wrote?

05 The smartphone _____ he has is not his.

06 Mr. Smith is a doctor _____ many people respect.

07 I will feed the birds _____ he brought me.

08 My father doesn't like the actor _____ I like the most.

09 Do you want the pizza _____ my father made?

10 The person _____ she is waiting for is her sister.

B 다음 보기와 같이 관계대명사를 사용하여 한 문장으로 바꾸어 쓰시오.

> 보기 ▶ The tree is a pine tree. We planted it 5 years ago.
> → The tree which (= that) we planted 5 years ago is a pine tree.

01 I lost the cellphone. Bill lent it to me.

→ _____

02 The woman is a famous artist. You met her.

→ _____

03 The pictures are wonderful. My father took them.

→ _____

04 James and Jack are my friends. I trust them.

→ _____

05 They saw the girl. Mr. Smith was looking for her.

→ _____

A 다음 주어진 우리말과 일치하도록 빈칸에 알맞은 말을 쓰시오.

01 나에게 네가 지난밤에 본 남자에 대해 얘기해 주라.

→ Tell me about the man _____ you saw last night.

02 이것은 모차르트가 작곡한 유명한 음악이다.

→ This is some famous music _____ Mozart composed.

03 네가 파티에 초대한 사람들은 오지 않을 것이다.

→ The people _____ _____ _____ to the party won't come.

04 내가 어제 산 빵은 어디에 있니?

→ Where is the bread _____ _____ _____ yesterday?

05 수학은 그가 가장 싫어하는 과목이다.

→ Math is the subject _____ _____ _____ the most.

B 다음 문장의 틀린 부분을 바르게 고쳐 문장을 다시 쓰시오.

01 The news whom we heard was surprising. 우리가 들은 그 뉴스는 놀라웠다.

→ _____

02 There are many people which I don't know. 내가 모르는 사람들이 많이 있다.

→ _____

03 *King Lear* is a play which Shakespeare wrote it. 리어왕은 셰익스피어가 쓴 연극이다.

→ _____

04 Where is the watch which gave to you? 내가 너에게 준 시계는 어디에 있니?

→ _____

05 They are looking for which they lost the dog. 그들은 잃어버린 개를 찾고 있다.

→ _____

06 Amy is a clever girl that everyone likes her. Amy는 모든 사람이 좋아하는 현명한 소녀다.

→ _____

Sentence Writing

Writing Guide
· 선행사가 사람일 때 목적격 관계대명사 whom, 사물이나 동물일 때 which, 사람이나 사물, 동물일 때 that을 쓴다.
→ I know the girl whom you like. The book which I read is fun.
· 목적격 관계대명사 뒤에는 주어와 동사를 쓰고, 목적어는 쓰지 않는다. → She found the dog that I lost.

A 다음 우리말과 일치하도록 주어진 단어를 올바르게 배열하시오.

01 그는 그가 초대한 사람들을 기다리고 있다. (he, the people, he, is, whom, waiting for, invited)

→ _____

02 피자는 우리가 점심으로 먹는 음식이다. (for lunch, is, pizza, we, which, eat, the food)

→ _____

03 너는 내가 사준 드레스가 마음에 드니? (that, do, bought, you, the dress, I, you, like, ?)

→ _____

04 내가 어제 전화했던 남자는 나의 삼촌이다. (my, yesterday, the man, called, uncle, whom, is, I)

→ _____

B 다음 주어진 말을 이용하여 우리말을 영작하시오.

01 그녀가 아는 그 외국인은 한국어를 잘한다. (foreigner)

→ _____

02 내 고양이가 잡은 그 쥐는 매우 크다. (catch)

→ _____

03 그녀는 그가 어제 찍은 사진들을 보았다. (look at, take)

→ _____

04 내가 작년에 방문했던 나라는 이탈리아다. (Italy)

→ _____

05 Chris는 내가 미국에서 만난 친구다. (America)

→ _____

A 다음 문장에서 알맞은 것을 고르시오.

01 Can you lend me the book   that | whom   you bought yesterday?

02 I lost the ticket   whom | which   she gave to me.

03 He is a soccer player   whom | which   I want to interview.

04 What is the food   whom | which   you ate last night?

05 Look at   the baby | the cat   whom she is taking care of.

B 다음 주어진 우리말과 일치하도록 빈칸에 알맞은 말을 쓰시오.

01 그들은 내가 함께 사는 사람들이다.

→ They are the people _____ _____ _____ with.

02 너는 어제 그가 산 강아지를 보았니?

→ Did you see the puppy _____ _____ _____ yesterday?

03 나는 오래 전에 그가 나에게 보낸 편지 한 통을 발견했다.

→ I found a letter _____ _____ _____ me a long time ago.

C 다음 주어진 말을 이용하여 우리말을 영작하시오.

01 이것은 나의 할머니가 쓰셨던 모자다. (wear)

→ _____

02 Baker 씨는 그의 딸이 소개했던 남자를 기억한다. (remember, introduce)

→ _____

03 그 사냥꾼이 잡은 동물은 사슴이다. (hunter)

→ _____

04 사람들이 칭찬하는 그 소녀는 내 여동생이다. (praise)

→ _____

Actual Test

[01-02] 다음 빈칸에 들어갈 수 있는 것을 <u>모두</u> 고르시오.

01 David has a sister _____ studies art in France.

① which ② who ③ what ④ that ⑤ whom

02 Jane lent me the umbrella _____ she bought yesterday.

① which ② who ③ whom ④ whose ⑤ that

[03-04] 다음 빈칸에 들어갈 수 <u>없는</u> 것을 고르시오.

03 Are these the _____ which she is looking for?

① children ② books ③ keys ④ kittens ⑤ shoes

04 Do you know _____ who speaks English fluently?

① the boy ② the girl ③ the people ④ the man ⑤ the student

[05-06] 다음 빈칸에 알맞은 말이 바르게 짝지어진 것을 고르시오.

05
· The new car _____ my father bought is very fast.
· Brian is the boy _____ sat next to me in English class.

① which, who ② that, whom ③ who, that ④ who, which ⑤ whom, who

06
· A poet is a person _____ writes poems.
· I am reading a letter _____ my friend sent to me.

① which, which ② who, whom ③ whom, which ④ that, who ⑤ that, that

07 다음 중 밑줄 친 부분이 바르지 <u>못한</u> 것을 고르시오.

① The tree <u>that</u> I planted grows well.
② James has <u>a computer which</u> looks expensive.
③ He is <u>an actor whom</u> everyone loves.
④ She is <u>a nurse who</u> takes care of sick people.
⑤ I saw <u>the thief which</u> the police were looking for.

08 다음 중 올바른 문장이 <u>아닌</u> 것을 <u>두 개</u> 고르시오.

① I will visit my uncle who live in Seoul.　② There was a dog that barked loudly.

③ Look at the girls whom are smiling happily.　④ This is a desk which the man made.

⑤ The singer whom I like has a beautiful voice.

09 다음 중 관계대명사를 사용하여 한 문장으로 바르게 바꾼 것을 고르시오.

① I know the man. He helps poor people.

　→ I know the man whom helps poor people.

② Tom read a book. It was funny.

　→ Tom read a book who was funny.

③ She lost the camera. Mike lent it to her yesterday.

　→ She lost the camera which Mike lent it to her yesterday.

④ He opened the box. It was under the table.

　→ He opened the box which was under the table.

⑤ Mr. Smith invited the doctors. He met them in London.

　→ Mr. Smith invited the doctors which he met in London.

[10-11] 다음 우리말을 영작했을 때 밑줄 친 부분 중 <u>틀린</u> 것을 고르시오.

10 나는 네가 잃어버린 개를 보았다. 너는 점박이 개를 말하는 것이니?

➡ I saw the dog <u>which</u> <u>you</u> <u>lost</u>. Do you mean the dog <u>that</u> <u>have</u> spots?
　　　　　　　①　②　③　　　　　　　　　　④　⑤

11 Sam은 나를 좋아하는 소년이다. 이 꽃들은 그가 나에게 준 꽃이다.

➡ Sam is the boy <u>who</u> <u>likes</u> me. These are flowers <u>that</u> he gave <u>them</u> <u>to me</u>.
　　　　　　　①　②　　　　　　　　　③　　　④　⑤

12 다음 중 우리말을 올바르게 영작한 것이 <u>아닌</u> 것을 고르시오.

① 낙타는 사막에 사는 동물이다. → A camel is an animal which lives in the desert.

② 여기 당신이 주문한 피자가 있습니다. → Here is the pizza that you ordered.

③ 우리가 기다렸던 사람은 오지 않았다. → The man whom we waited for didn't come.

④ 내가 봤던 영화는 지루했다. → The movie whom I watched was boring.

⑤ Tom은 다른 사람들을 돕는 착한 소년이다. → Tom is a good boy who helps others.

[13-14] 다음 주어진 우리말과 일치하도록 빈칸에 알맞은 말을 쓰시오.

13 연못에 있는 물고기들에게 먹이를 주지 말아라.

→ Don't feed the fish _____ _____ in the pond.

14 사람들은 가난한 아이들을 돕는 그 배우를 존경한다.

→ People respect the actor _____ _____ poor children.

[15-16] 다음 주어진 말을 이용하여 우리말을 영작하시오.

15 펠레는 모든 사람이 아는 축구 선수다. (Pelé, soccer player)

→ _____

16 펭귄은 날 수 없는 새다. (can't)

→ _____

[17-19] 다음 표를 보고 관계대명사를 사용하여 문장을 완성하시오.

Words	Meanings	Words	Meanings
vet	take care of animals	dictionaries	give the meanings of words
pilot	fly airplanes	bee	make honey
waiter	work in a restaurant	blender	mix food

17 A vet is a doctor _____.

Dictionaries are books _____.

18 A pilot is a person _____.

A bee is an insect _____.

19 A waiter is a man _____.

A blender is a machine _____.

문법탄탄

정답 및 해설

WRITING

문장의 확장편 ❷

4

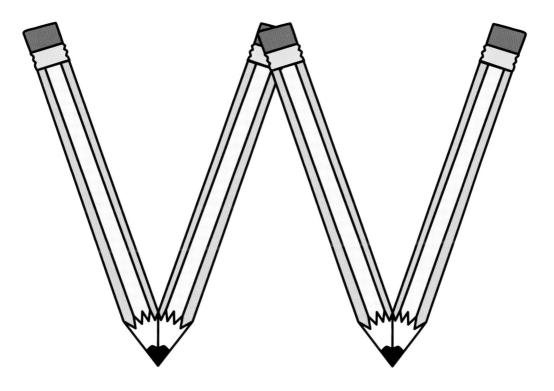

Happy House

문법탄탄

WRITING 4

문장의 확장편 ②

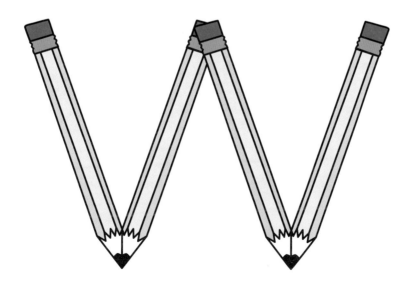

Happy House

Unit 01 재귀대명사

Grammar Practice I   p. 9

A
01 yourselves	02 herself	03 himself
04 themselves	05 yourself	06 itself
07 myself	08 herself	09 ourselves
10 herself	11 ourselves	12 themselves

B
01 herself	02 himself	03 herself
04 myself	05 themselves	06 yourself
07 yourselves	08 itself	09 ourselves
10 himself		

A
01 너와 그는 너희 자신을 소개해야 한다.
02 그녀는 슬플 때 혼잣말을 한다.
03 그는 직접 그의 차를 세차한다.
04 그들은 다쳤니?
05 너는 직접 그것에 서명해야 한다.
06 그 도시 자체는 아름답다.
07 나는 나 자신이 매우 자랑스럽다.
08 그 소녀는 그 무거운 상자를 혼자 힘으로 들고 갔다.
09 우리는 우리 자신을 돌볼 수 있다.
10 나의 어머니는 종종 혼자서 점심을 드신다.
11 내 여동생과 나는 그 케이크를 직접 구웠다.
12 그들은 캠프에서 즐거운 시간을 보냈다.

01 주어가 You and he이므로 재귀대명사는 yourselves 02 주어가 She이므로 재귀대명사는 herself 03 주어가 He이므로 재귀대명사는 himself 04 주어가 they이므로 재귀대명사는 themselves 05 주어가 단수인 You이므로 재귀대명사는 yourself 06 주어가 The city이므로 재귀대명사는 itself 07 주어가 I이므로 재귀대명사는 myself 08 주어가 The girl이므로 재귀대명사는 herself 09 주어가 We이므로 재귀대명사는 ourselves 10 주어가 My mother이므로 재귀대명사는 herself 11 주어가 My sister and I이므로 재귀대명사는 ourselves 12 주어가 They이므로 재귀대명사는 themselves를 쓴다.

B
01 그 공주는 거울에 비친 그녀 자신을 보았다.
02 Mike는 변호사가 될 때까지 독학했다.
03 그녀는 우리에게 그녀의 비밀을 스스로 말했다.
04 나는 나 자신을 잘 알지 못한다.
05 그들은 숙제를 스스로 한다.
06 Sally, 파티에 온 것을 환영해. 마음껏 먹어.
07 너와 Bill은 그 소식을 직접 들었니?
08 갑자기 그 큰 나무가 스스로 쓰러졌다.
09 우리는 지난 방학에 런던에서 즐거운 시간을 보냈다.
10 나의 아버지는 가끔 홀로 영화를 보러 가신다.

01 주어가 The princess이므로 재귀대명사는 herself 02 주어가 Mike이므로 재귀대명사는 himself 03 주어가 She이므로 재귀대명사는 herself 04 주어가 I이므로 재귀대명사는 myself 05 주어가 They이므로 재귀대명사는 themselves 07 주어가 you and Bill이므로 재귀대명사는 yourselves 08 주어가 the big tree이므로 재귀대명사는 itself를 쓴다. 한편 재귀대명사는 동사나 전치사와 함께 관용적으로 쓰이는데 06 help oneself는 '마음껏 먹다'라는 표현으로 명령문의 주어는 You이므로 재귀대명사는 yourself 09 enjoy oneself는 '즐기다'라는 표현으로 주어가 We이므로 재귀대명사는 ourselves 10 by oneself는 '홀로'라는 표현으로 주어가 My father이므로 재귀대명사는 himself를 쓴다.

Grammar Practice II   p. 10

A
01 himself	02 herself	03 ourselves
04 myself	05 yourself	06 itself
07 themselves	08 yourselves	09 ourselves
10 himself	11 herself	12 themselves

B
01 인어공주는 거울에 비친 그녀 자신을 보았다. (×)
02 너는 그 집을 혼자 힘으로 지었니? (×)
03 그는 그 자동차를 직접 디자인했다. (○)
04 그들은 지난 주말에 해변에서 즐거운 시간을 보냈다. (×)
05 나는 미래에 대한 계획을 스스로 짤 것이다. (○)

A
01 Tommy는 그 모형 비행기를 직접 만들었다.
02 네 여동생은 그녀 자신을 자랑스러워하니?
03 우리는 우리 자신을 사랑해야 한다.
04 나는 혼자 힘으로 답을 찾을 것이다.
05 John, 너는 홀로 유럽을 여행했니?
06 그 고양이는 그 쥐를 직접 잡았다.
07 그 아이들은 실수로 베었다.
08 너와 Paul은 오늘 밤 직접 저녁을 준비할 것이니?
09 내 여동생과 나는 스스로 빨래를 한다.
10 그 배우는 자살을 했니?
11 그녀는 그녀 자신의 사진을 찍었다.
12 나의 부모님은 그 선생님을 직접 만나셨다.

01 주어가 Tommy이므로 재귀대명사는 himself 02 주어가 your sister이므로 재귀대명사는 herself 03 주어가 We이므로 재귀대명사는 ourselves 04 for oneself는 '혼자 힘으로'라는 표현으로 주어가 I이므로 재귀대명사는 myself 05 by oneself는 '홀로'라는 표현으로 주어가 단수 you이므로 재귀대명사는 yourself 06 주어가 The cat이므로 재귀대명사는 itself 07 주어가 The children이므로 재귀대명사는 themselves 08 주어가 you and Paul이므로 재귀대명사는 yourselves 09 주어가 My sister and I이므로 재귀대명사는 ourselves 10 주어가 남성인 the actor이므로 재귀대명사는 himself 11 주어가 She이므로 재귀대명사는 herself 12 주어가 My parents이므로 재귀대명사는 themselves를 쓴다.

B
01 재귀대명사가 동사의 목적어로 사용되는 재귀용법으로 '~ 자신'이라고 해석되며, 생략할 수 없다. 02·04 재귀대명사가 동사나 전치사와 함께 관용적으로 쓰인 것으로 for oneself는 '혼자 힘으로', enjoy oneself는 '즐기다'라는 표현으로 생략할 수 없다. 03·05 재귀대명사가 주어를 강조하는 강조용법으로 쓰인 것으로 '직접, 스스로'라고 해석되며, 생략할 수 있다.

Prep Writing   p. 11

A
01 He, himself	02 They, themselves
03 introduced, ourselves	04 you, by, yourself
05 myself, herself	

B
01 She is looking at herself
02 We are proud of ourselves
03 He wrote about himself
04 They introduced themselves

A
01 주어가 '그는' He이므로 주어를 강조하는 재귀대명사 himself를 문장 맨 뒤에 쓴다. 02 주어가 '그들은' They이므로 목적어 자리에 재귀대명사 themselves를 쓴다. 03 주어가 '우리는' We이므로 목적어 자리에 재귀대명사 ourselves를 쓴다. 04 '홀로'라는 표현은 by oneself로 주어가 단수 you이므로 by yourself를 쓴다. 05 주어가 I일 때 목적어 자리에 재귀대명사 myself를 쓰고, 주어가 she일 때 목적어 자리에 재귀대명사 herself를 쓴다.

B **보기** A: 너는 누구를 잘 아니?
  B: 나는 나 자신을 잘 알아.
  01 A: Sally는 거울에 비친 무엇을 보고 있니?
    B: 그녀는 거울에 비친 그녀 자신을 보고 있어.
  02 A: 너와 네 여동생은 지금 누구를 자랑스러워하니?
    B: 우리는 지금 우리 자신을 자랑스러워해.
  03 A: Brown 씨는 그 에세이에 무엇에 대해 썼니?
    B: 그는 그 에세이에 그 자신에 대해 썼어.
  04 A: 그와 그녀는 그 회의에서 누구를 소개했니?
    B: 그들은 회의에서 그들 자신을 소개했어.

01 재귀대명사가 전치사 at의 목적어로, 주어가 She이므로 재귀대명사는 herself를 쓴다. **02** 재귀대명사가 전치사 of의 목적어로, 주어가 We이므로 재귀대명사 ourselves를 쓴다. **03** 재귀대명사가 전치사 about의 목적어로, 주어가 He이므로 재귀대명사 himself를 쓴다. **04** 재귀대명사가 동사 introduced의 목적어로, 주어가 They이므로 재귀대명사 themselves를 쓴다.

Sentence Writing
p. 12

A 01 Young children can't look after themselves.
  02 He invented the machine for himself.
  03 My mother grows vegetables herself.
    (= My mother herself grows vegetables.)
  04 Did you find the job yourself?
    (= Did you yourself find the job?)

B 01 My sister hurt herself yesterday.
  02 David is playing by himself on the playground.
  03 The festival itself was fantastic.
  04 I was angry with myself.
  05 We ourselves picked the oranges.
    (= We picked the oranges ourselves.)

A **01** 재귀대명사가 전치사 after의 목적어로, after 뒤에 themselves를 쓴다. **02** for oneself는 '혼자 힘으로'라는 표현으로 주어가 He이므로 재귀대명사 himself를 for 뒤에 쓴다. **03 · 04** 재귀대명사가 주어를 강조하는 강조용법으로 쓰인 것으로, herself와 yourself를 주어 바로 뒤나 문장 맨 뒤에 쓴다.

B **01** 재귀대명사가 동사의 목적어로 사용되는 재귀용법으로, 주어가 My sister이므로 재귀대명사 herself를 hurt 뒤에 쓴다. **02** '홀로'라는 표현은 by oneself인데 주어가 David이므로 by himself를 쓴다. **03** 재귀대명사가 주어를 강조하는 강조용법으로 쓰인 것으로, 주어가 The festival이므로 재귀대명사 itself를 주어 바로 뒤에 쓴다. **04** 재귀대명사가 전치사의 목적어로 사용되는 재귀용법으로, 주어가 I이므로 재귀대명사 myself를 with 뒤에 쓴다. **05** 재귀대명사가 주어를 강조하는 강조용법으로 쓰인 것으로, 주어가 We이므로 재귀대명사 ourselves를 주어 바로 뒤나 문장 맨 뒤에 쓴다.

Self-Study
p. 13

A 01 ourselves   02 herself   03 himself
  04 yourself   05 themselves

B 01 taught, themselves   02 you, yourself
  03 myself, myself

C 01 She doesn't talk about herself.
  02 What are you doing by yourself at home?
  03 My sister and I respect ourselves.
  04 Jackson made the film himself.
    (= Jackson himself made the film.)

A 01 우리는 자정까지 파티에서 즐거운 시간을 보냈다.
  02 Ann은 집에서 자주 혼잣말을 하니?
  03 내 삼촌은 지난밤에 그 도둑을 직접 잡았다.
  04 너는 어떻게 혼자 힘으로 그 일을 끝마쳤니?
  05 그 부부는 그 식당을 직접 운영한다.

01 주어가 We이므로 재귀대명사는 ourselves **02** 주어가 Ann이므로 재귀대명사는 herself **03** 주어가 My uncle이므로 재귀대명사는 himself **04** 주어가 단수 you이므로 재귀대명사는 yourself **05** 주어가 The couple이므로 재귀대명사는 themselves를 쓴다.

B **01** '독학하다'라는 표현은 teach oneself로, 주어가 Lily and Emily이므로 재귀대명사는 themselves를 쓴다. **02** 주어가 '너' you이므로, 동사 introduce의 목적어 자리에 재귀대명사 yourself를 쓴다. **03** 첫 번째 빈칸에는 재귀대명사가 전치사 of의 목적어로, 주어가 I이므로 myself를 쓰고, 두 번째 빈칸에는 재귀대명사가 주어를 강조하는 강조용법으로 쓰인 것으로, 주어가 I이므로 myself를 쓴다.

C **01** 재귀대명사가 전치사의 목적어로 사용되는 재귀용법으로, 주어가 She이므로 재귀대명사 herself를 about 뒤에 쓴다. **02** '홀로'라는 표현은 by oneself인데 주어가 you이므로 by yourself를 쓴다. **03** 재귀대명사가 동사의 목적어로 사용되는 재귀용법으로, 주어가 My sister and I이므로 재귀대명사 ourselves를 respect 뒤에 쓴다. **04** 재귀대명사가 주어를 강조하는 강조용법으로 쓰인 것으로, 주어가 Jackson이므로 재귀대명사 himself를 주어 바로 뒤나 문장 맨 뒤에 쓴다.

Unit 02 부정대명사

Grammar Practice I
p. 15

A 01 Every, 모든 부모는 그들의 자녀를 사랑한다.
  02 another, 또 다른 한 잔의 커피를 마시겠어요?
  03 One, the other, 하나는 상자 안에 있고, 나머지 하나는 탁자 위에 있다.
  04 one, 그녀가 샌드위치를 원해서, 나는 그녀를 위해 샌드위치 하나를 만들었다.
  05 Each, 각각의 학생은 손에 카드 두 장을 가지고 있다.
  06 ones, 그는 초록색 반지를 입었지만, 나는 주황색을 입었다.

B 01 one   02 It   03 ones
  04 They   05 another   06 one
  07 person, has 08 another 09 team, has
  10 the other

A **01 · 05** Every는 '모든', Each는 '각자, 각각'이라는 의미의 부정대명사로, 둘 다 단수명사와 함께 쓰여 단수 취급하므로 뒤에 단수동사가 온다. **02** 부정대명사 another는 이미 언급한 것 이외에 '또 다른 하나'를 말할 때 쓴다. **03** 부정대명사 one, the other는 '(둘 중) 하나는 ~, 나머지 하나는 ...'을 말할 때 쓴다. **04** 부정대명사 one은 앞에서 언급한 막연한 단수명사를 대신하여 쓴다. **06** 부정대명사 ones는 앞에서 언급한 막연한 복수명사를 대신하여 쓴다.

B 01 나는 연필이 하나 필요하다. 너는 연필을 하나 가지고 있니?
  02 그는 나에게 장미 한 송이를 주었다. 그것은 향기가 좋았다.
  03 어느 장갑이 네 것이니? 빨간색 장갑.
  04 그들은 나에게 새 신발을 사주었다. 그것들은 멋지다.
  05 저는 이 모자가 마음에 들지 않아요. 또 다른 것을 좀 보여주세요.
  06 Tim은 지우개를 잃어버려서 하나를 사야 한다.
  07 모든 사람은 규칙적으로 운동해야 한다.
  08 나는 여전히 배고프다. 나는 또 다른 하나의 샌드위치를 먹을 것이다.
  09 축구 경기에서 각각의 팀에는 11명의 선수가 있다.
  10 우리는 개가 두 마리 있다. 하나는 흰색이고, 나머지 하나는 검은색이다.

01 · 06 앞에서 언급한 막연한 단수명사 a pencil, eraser를 대신하여 one을 쓴다. 02 앞에서 언급한 특정한 단수명사 a rose를 대신하여 It을 쓴다. 03 앞에서 언급한 막연한 복수명사 gloves를 대신하여 ones를 쓴다. 04 앞에서 언급한 특정한 복수명사 new shoes를 대신하여 They를 쓴다. 05 · 08 이미 언급한 것 이외에 '또 다른 하나'를 말할 때 another를 쓴다. 07 · 09 Every, Each는 단수명사와 함께 쓰고, 뒤에 단수동사가 온다. 10 '(둘 중) 하나'는 One, '나머지 하나'는 the other를 쓴다.

Grammar Practice II
p. 16

A
01 one
02 Every/Each
03 They
04 another
05 every/each
06 ones
07 another
08 One
09 it
10 the other

B
01 one
02 ones
03 it
04 They
05 another
06 One, the other

A
01 내 여동생은 필통을 잃어버렸다. 그녀는 새것을 하나 사야 한다.
02 모든/각각의 학생은 그 시험을 통과해야 한다.
03 그녀는 우리에게 약간의 쿠키를 구워주었다. 그것들은 맛있어 보였다.
04 이 방은 너무 작아요. 저에게 또 다른 방을 보여줄 수 있나요?
05 학교에서 모든/각각의 수업은 50분씩인가요?
06 Kate는 코믹 영화를 좋아하지만, 나는 공포 영화를 좋아한다.
07 이것은 맞지 않아요. 또 다른 것을 좀 보여주세요.
08 그는 고양이 두 마리가 있다. 하나는 작고, 나머지 하나는 크다.
09 너는 그 노래를 좋아하니? 응, 나는 그것을 아주 좋아해.
10 자전거가 두 대 있다. 하나는 낡았고, 나머지 하나는 새것이다.

01 앞에서 언급한 막연한 단수명사 pencil case를 대신하여 one을 쓴다. 02 · 05 단수명사와 함께 쓰여 단수 취급되면서 '모든/각각'으로 해석되는 every나 each를 쓴다. 03 앞에서 언급한 특정한 복수명사 cookies를 대신하여 They를 쓴다. 04 · 07 이미 언급한 것 이외에 '또 다른 하나'를 말할 때 another를 쓴다. 06 앞에서 언급한 막연한 복수명사 movies를 대신하여 ones을 쓴다. 08 · 10 '(둘 중) 하나'는 One, '나머지 하나'는 the other를 쓴다. 09 앞에서 언급한 특정한 단수명사 the song을 대신하여 it을 쓴다.

B
01 A: 비가 올 거 같아. 너는 우산을 가져왔니?
   B: 응, 하나 가져왔어.
02 A: Sally는 새 장화를 살 거니?
   B: 응, 그녀는 분홍색으로 살 거야.
03 A: 너는 그 책을 언제 빌렸니?
   B: 나는 그것을 지난 월요일에 빌렸어.
04 A: 너는 그 강아지들에게 먹이를 주었니?
   B: 응, 주었어. 그것들은 배가 매우 고파 보였어.
05 A: 이 노란색 드레스는 어때요?
   B: 그것은 제게 너무 길어요. 또 다른 것을 좀 보여주세요.
06 A: 너는 형제나 자매가 있니?
   B: 응, 나는 두 명의 자매가 있어. 한 명은 키가 크고, 나머지 한 명은 날씬해.

01 앞에서 언급한 막연한 단수명사 an umbrella를 대신하여 one을 쓴다. 02 앞에서 언급한 막연한 복수명사 rain boots를 대신하여 ones를 쓴다. 03 앞에서 언급한 특정한 단수명사 the book을 대신하여 it을 쓴다. 04 앞에서 언급한 특정한 복수명사 the puppies를 대신하여 They를 쓴다. 05 이미 언급한 this yellow dress 이외에 '또 다른 하나'를 말할 때 another를 쓴다. 06 '(둘 중) 하나'는 One, '나머지 하나'는 the other를 쓴다.

Prep Writing
p. 17

A
01 Every, student
02 One, the other
03 It, one
04 another
05 Each, player, was

B
01 We heard the news, and it was surprising.
02 David has two brothers. They are handsome.
03 I don't like these shoes. Show me another.
04 There are two pairs of socks. The white ones are yours.
05 I like two subjects. One is English, and the other is history.
06 Every plant needs air, water, and sunlight.

A
01 '모든'은 Every를 쓰고, Every는 단수명사와 함께 쓴다. 02 '(둘 중) 하나'는 One, '나머지 하나'는 the other를 쓴다. 03 첫 번째 빈칸에는 앞에서 언급한 특정한 단수명사 My computer를 대신하여 It을 쓰고, 두 번째 빈칸에는 앞에서 언급한 막연한 단수명사 computer를 대신하여 one을 쓴다. 04 이미 언급한 것 이외에 '또 다른 하나'를 말할 때 another를 쓴다. 05 '각각'은 Each를 쓰고, Each는 단수명사와 함께 쓰고 뒤에 단수동사가 온다.

B
01 우리는 그 뉴스를 들었는데, 그것은 놀라웠다.
02 David는 두 명의 형제가 있다. 그들은 잘생겼다.
03 저는 이 신발이 마음에 들지 않아요. 또 다른 것을 좀 보여주세요.
04 양말이 두 켤레 있다. 하얀 것이 네 것이다.
05 나는 두 과목을 좋아한다. 하나는 영어고, 나머지 하나는 역사다.
06 모든 식물은 공기, 물, 그리고 햇빛이 필요하다.

01 앞에서 언급한 특정한 셀 수 없는 명사 the news를 대신하여 it을 쓴다. 02 앞에서 언급한 특정한 복수명사 two brothers를 대신하여 They를 쓴다. 03 이미 언급한 these shoes 이외에 '또 다른 하나'를 말할 때 another를 쓴다. 04 앞에서 언급한 막연한 복수명사 socks를 대신하여 ones을 쓰고, ones 뒤에는 복수동사 are를 쓴다. 05 '(둘 중) 하나'는 One, '나머지 하나'는 the other를 쓴다. 06 Every는 단수명사와 함께 쓰고, 뒤에 단수동사가 온다.

Sentence Writing
p. 18

A
01 One is ours, and the other is theirs.
02 He wants blue shoes, but I want red ones.
03 We ate the pizza and ordered another.
04 Every room has a desk and two chairs.

B
01 Could you show me another?
02 Does each student have an email address?
03 If you make a snowman, I will make one.
04 He lent me his calculator, but I lost it.
05 She has two sons. One is a doctor, and the other is a lawyer.

A
01 '(둘 중) 하나'는 One, '나머지 하나'는 the other를 쓴다. 02 앞에서 언급한 막연한 복수명사 shoes를 대신하여 red 뒤에 ones를 쓴다. 03 the pizza가 앞에 오고, 뒤에 이미 언급한 the pizza 이외에 '또 다른 하나'를 말하는 another를 쓴다. 04 '모든'이라는 의미의 Every 뒤에 단수명사 room을 쓰고, 그 뒤에 단수동사 has를 쓴다.

B
01 이미 언급한 것 이외에 '또 다른 하나'를 말할 때 another를 쓴다. 02 '각각'은 each를 쓴다. each는 단수명사와 함께 쓰고 뒤에 단수동사가 오는데, 현재 시제의 의문문이므로 Does를 문장 맨 앞에 쓴다. 03 앞에서 언급한 막연한 단수명사 a snowman를 대신하여 one을 쓴다. 04 앞에서 언급한 특정한 단수명사 his calculator를 대신하여 it을 쓴다. 05 '(둘 중) 하나'는 One, '나머지 하나'는 the other를 쓴다.

Self-Study

p. 19

A 01 It   02 ones   03 shop, sells
   04 one   05 the other

B 01 Does, every, animal   02 One, the other
   03 another

C 01 He lost his cellphone, so he needs a new one.
   02 Each student has to ask a question in class.
   03 Let's order another cup of tea.
   04 He told me some stories. They were scary.

A 01 나의 이모가 초콜릿 케이크를 구우셨다. 그것은 맛있었다.
   02 그는 새 운동화를 샀다. 나는 똑같은 것을 원한다.
   03 각각의 가게는 다른 옷을 판다.
   04 나는 자가 없어. 자 하나를 빌릴 수 있을까?
   05 그들은 두 가지 언어를 말한다. 하나는 불어고, 나머지 하나는 영어다.

   01 앞에서 언급한 특정한 단수명사 a chocolate cake를 대신하여 It을 쓴다.
   02 앞에서 언급한 막연한 복수명사 sneakers를 대신하여 ones를 쓴다.
   03 Each는 단수명사와 함께 쓰고, 뒤에 단수동사가 온다. 04 앞에서 언급한
   막연한 단수명사 a ruler를 대신하여 one을 쓴다. 05 '(둘 중) 하나는'은 One,
   '나머지 하나는'은 the other를 쓴다.

B 01 '모든'은 every를 쓴다. every는 단수명사와 함께 쓰고 뒤에 단수동사가
   오는데, 현재 시제의 의문문이므로 Does을 문장 맨 앞에 쓴다. 02 '(둘 중)
   하나는'은 One, '나머지 하나는'은 the other를 쓴다. 03 이미 언급한 것
   이외에 '또 다른 하나'를 말할 때 another를 쓴다.

C 01 앞에서 언급한 막연한 단수명사 cellphone을 대신하여 one을 쓴다.
   02 '각각'은 Each를 쓰고, Each는 단수명사와 함께 쓰고 뒤에 단수동사가 온다.
   03 이미 언급한 것 이외에 '또 다른 하나'를 말할 때 another를 쓴다.
   04 앞에서 언급한 특정한 복수명사 stories를 대신하여 They를 쓴다.

Actual Test

pp. 20~22

01 ④ 02 ③ 03 ⑤ 04 ③ 05 ① 06 ② 07 ② 08 ③
09 ① 10 ④ 11 ③ 12 ④ 13 ①
14 himself, It   15 One, the other
16 Each car has an air conditioner.
17 My father explained it himself.
   (= My father himself explained it.)
18 himself 19 herself 20 ourselves 21 yourselves
22 herself 23 themselves

01 Kate와 Jim은 그 파티에서 즐거운 시간을 보냈다.
   enjoy oneself는 '즐기다'라는 표현으로 주어가 Kate and Jim이므로
   재귀대명사는 themselves를 쓴다.

02 그녀의 컴퓨터가 고장이 나서, 그녀는 새것을 하나 샀다.
   앞에서 언급한 막연한 단수명사 computer를 대신하여 one을 쓴다.

03 한/한/각각의/모든 소녀가 비옷을 입고 있다.
   A, One, Each, Every는 단수명사와 함께 쓰고 뒤에 단수동사가 오는데, All은
   복수명사와 함께 쓰고 뒤에 복수동사가 온다.

04 A: 너는 반바지를 가져올 것이니?
   B: 응, 나는 파란색 반바지를 가져올 거야.
   앞에서 언급한 막연한 복수명사 shorts를 대신하여 ones를 쓴다.

05 A: John은 중국어를 어떻게 배웠니? B: 그는 중국어를 독학했어.
   teach oneself는 '독학하다'라는 표현으로 주어가 He이므로 재귀대명사는
   himself를 쓴다.

---

06 · 간식을 마음껏 드세요.
   · 너는 그것을 직접 할 수 있니?
   help oneself는 '마음껏 먹다'라는 표현으로 명령문의 주어는 You이므로
   재귀대명사 yourself를 쓰고, 재귀대명사가 주어를 강조하는 강조용법으로 쓰인
   두 번째 문장에서도 주어가 you이므로 재귀대명사 yourself를 쓴다.

07 · 나는 두 가지 운동을 좋아한다. 하나는 야구고, 나머지 하나는 축구다.
   · 그것은 제 몸에 너무 딱 붙습니다. 또 다른 것을 좀 보여주세요.
   첫 번째 문장에서 '(둘 중) 하나는 ~, 나머지 하나는 …'을 말할 때 One, the
   other를 순서대로 쓰고, 두 번째 문장에서 이미 언급한 것 이외에 '또 다른
   하나'를 말할 때 another를 쓴다.

08 ① 그들은 그 노래를 직접 불렀다.
   ② 우리는 그 나무를 직접 심었다.
   ③ 그는 거울에 비친 그 자신을 보았다.
   ④ 나는 그 스파게티를 직접 요리했다.
   ⑤ Kelly는 아침에 스스로 일찍 일어났다.
   ① ② ④ ⑤는 재귀대명사가 주어를 강조하는 강조용법으로 쓰인 것으로 생략할
   수 있지만 ③은 재귀대명사가 전치사의 목적어로 사용되는 재귀용법으로 생략할
   수 없다.

09 ① 그는 자전거를 직접 고쳤다.
   ② 나는 나 자신의 사진을 찍었다.
   ③ 그녀는 때때로 혼잣말을 한다.
   ④ 그들은 그들 자신을 자랑스러워한다.
   ⑤ 너는 다쳤니?
   ①은 재귀대명사가 주어를 강조하는 강조용법이고 ② ③ ④ ⑤는 재귀대명사가
   동사나 전치사의 목적어로 사용되는 재귀용법이다.

10 ① 그녀는 그것을 혼자 힘으로 끝마칠 것이니?
   ② 우리는 스스로 숙제를 한다.
   ③ 모든 학생은 영어를 말할 수 있다.
   ④ 나는 가방이 하나 필요하다. 나는 가방을 하나 살 것이다.
   ⑤ 저 두 대의 차를 보아라. 하나는 빠르고, 나머지 하나는 느리다.
   ④ ones → one
   앞에서 언급한 막연한 단수명사 a bag을 대신하여 one을 쓴다.

11 ③ It → One
   '(둘 중) 하나는'은 One, '나머지 하나는'은 the other를 쓴다.

12 ④ people → person
   every '모든' 뒤에는 단수명사 person을 쓴다.

13 ② sheself → herself ③ yourselves → yourself ④ doctors wear →
   doctor wears ⑤ ones → one

14 주어가 Jack이므로 전치사의 목적어 자리에 재귀대명사 himself를 쓰고, 앞에서
   언급한 특정한 단수명사 an essay를 대신하여 It을 쓴다.

15 '(둘 중) 하나는'은 One, '나머지 하나는'은 the other를 쓴다.

16 '각각'은 Each를 쓴다. Each는 단수명사 car와 함께 쓰고, 뒤에 단수동사 has가
   온다.

17 재귀대명사가 주어를 강조하는 강조용법으로 쓰인 것으로, 주어가 My
   father이므로 재귀대명사는 himself를 주어 바로 뒤나 문장 맨 뒤에 쓴다.

18 James는 홀로 유럽을 여행했다.
   by oneself는 '홀로'라는 표현으로 주어가 James이므로 by 뒤에 재귀대명사
   himself를 쓴다.

19 나의 할머니가 이 장갑을 직접 짜셨다.
   재귀대명사가 주어를 강조하는 강조용법으로 쓰인 것으로, 주어가 My
   grandmother이므로 재귀대명사는 herself를 쓴다.

20 Paul과 나는 단편 영화 한 편을 직접 만들었다.

재귀대명사가 주어를 강조하는 강조용법으로 쓰인 것으로, 주어가 Paul and I 이므로 재귀대명사는 ourselves를 쓴다.

21 Kate와 너는 해변에서 즐거운 시간을 보냈다.

enjoy oneself는 '즐기다'라는 표현으로 주어기 Kate and you이므로 재귀대명사는 yourselves를 쓴다.

22 Sally는 혼자 힘으로 무거운 상자 하나를 들고 갔다.

for oneself는 '혼자 힘으로'라는 표현으로 주어가 Sally이므로 재귀대명사는 herself를 쓴다.

23 Jim과 Tom은 그 경기에 이겼기 때문에 그들 자신을 자랑스러워했다.

재귀대명사가 전치사의 목적어로 사용되는 재귀용법으로 쓰인 것으로, 주어가 Jim and Tom이므로 재귀대명사는 themselves를 쓴다.

Unit 03 명사적 용법

Grammar Practice I   p. 25

A 01 To solve, 그 문제를 푸는 것은 불가능하다. (주어)
　　02 to learn, 그녀는 스페인어를 배우기로 결심했다. (목적어)
　　03 to win, 그의 목표는 일등상을 받는 것이다. (보어)
　　04 to exercise, 규칙적으로 운동하는 것은 너에게 좋다. (주어)
　　05 to have, 내 계획은 깜짝 파티를 여는 것이었다. (보어)
　　06 to have, 그들은 파티에서 즐거운 시간을 보낼 것을 기대했다.
　　　　(목적어)

B 01 to buy　　　02 To climb　　03 to build
　　04 to keep　　　05 to read　　　06 to get
　　07 to believe　　08 to go　　　　09 It
　　10 to be

A 01·04 to부정사가 주어로 쓰이는 것으로, '~하는 것은, ~하기'라고 해석된다. 일반적으로 주어 역할을 하는 to부정사는 문장 뒤로 보내고, 대신 주어 자리에 It을 쓰는데, 이때 It은 해석하지 않는다. 02·06 to부정사가 동사 뒤에 와서 목적어로 쓰이는 것으로, '~하는 것을, ~하기를'이라고 해석된다. 03·05 to부정사가 be동사 뒤에 와서 보어로 쓰이는 것으로, '~하는 것이다'라고 해석된다.

B 01 내 어머니는 나에게 휴대전화를 사주기로 약속하셨다.
02 그 산을 혼자서 오르는 것은 위험하다.
03 너는 모래성을 만들기를 원하니?
04 네 약속을 지키는 것은 중요하다.
05 그녀의 충고는 많은 책을 읽으라는 것이다.
06 나는 많은 선물을 받는 것을 희망했다.
07 보는 것이 믿는 것이다.
08 사람들은 달에 가는 것을 원했다.
09 네 시간을 낭비하는 것은 좋지 않다.
10 그의 바람은 부자가 되는 것이다.

01·03·06·08 promise, want, hope, wish는 to부정사를 목적어로 취하는 동사들로 뒤에 to부정사가 온다. to부정사는 「to + 동사원형」의 형태이다. 02 to부정사가 주어 자리에 와서 주어 역할을 한다. 04·09 주어 자리에 가주어 It이 오고, 진주어인 to부정사는 문장 뒤에 온다. 05·07·10 be동사 뒤의 보어 자리에 to부정사가 온다.

Grammar Practice II   p. 26

A 01 to find　　　02 to meet　　　03 invent
　　04 It　　　　　05 to go　　　　06 to climb
　　07 to save　　　08 to　　　　　09 It
　　10 to go

B 01 It is impossible to get an A on the test.
　　02 It is nice to help other people.
　　03 It will be helpful to join the club.
　　04 It is not easy to understand his idea.
　　05 It is good for your health to eat fresh vegetables.

A 01 너의 집을 찾는 것은 어려웠다.
02 모든 사람은 그 여왕을 만나기를 희망한다.
03 그녀의 꿈은 타임머신을 발명하는 것이다.
04 야구 경기를 보는 것은 재미있다.
05 우리 가족은 캠핑을 가기로 결정했다.
06 그녀는 에베레스트 산을 등반하는 것을 계획하고 있다.

07 물과 에너지를 아끼는 것은 중요하다.
08 내 숙제는 에세이를 쓰는 것이다.
09 고궁들을 방문하는 것은 흥미롭다.
10 Emily는 해변에 가는 것을 기대했다.

01·07 주어 자리에 가주어 It이 오는 문장으로, 「to + 동사원형」의 형태의 to부정사가 문장 뒤에 진주어로 온다. 02·05·06·10 hope, decide, plan, expect는 to부정사를 목적어로 취하는 동사로 뒤에 to부정사가 온다. 03·08 be동사 뒤의 보어 자리에 to부정사가 온다. 04·09 주어 역할을 하는 to부정사가 문장 뒤에 오므로, 주어 자리에는 가주어 It을 쓴다.

B 【보기】 휴식을 취하는 것은 중요하다.
01 그 시험에서 A를 받는 것은 불가능하다.
02 다른 사람들을 돕는 것은 훌륭하다.
03 그 동아리에 가입하는 것은 도움이 될 것이다.
04 그의 생각을 이해하는 것은 쉽지 않다.
05 신선한 야채들을 먹는 것은 네 건강에 좋다.

주어 역할을 하는 to부정사를 문장 뒤로 보내고, 대신 주어 자리에 가주어 It을 쓰면 같은 의미의 문장이 된다.

Prep Writing   p. 27

A 01 is, to fix　　　　　02 promise, to come
　　03 was, to stay　　　04 It, to use
　　05 expect, to meet, It

B 01 She wanted to be a designer.
　　02 He is planning to buy a new car.
　　03 His dream is to fly to the moon.
　　04 She hoped to go to the zoo.
　　05 My goal is to go to the university.
　　06 They decided to save some money.

A 01 be동사 is 뒤의 보어 자리에 to부정사 to fix를 쓴다. 02 '약속하다' promise는 to부정사를 목적어로 취하는 동사로 뒤에 to come을 쓴다. 03 be동사 was 뒤의 보어 자리에 to부정사 to stay를 쓴다. 04 주어 역할을 하는 to부정사 to use를 문장 뒤에 쓰고, 대신 주어 자리에 가주어 It을 쓴다. 05 첫 번째 문장에서 '기대하다' expect는 to부정사를 목적어로 취하는 동사로 뒤에 to meet을 쓴다. 두 번째 문장에서는 진주어인 to meet이 문장 뒤에 오고 있으므로, 주어 자리에 가주어 It을 쓴다.

B 01 A: 그녀는 무엇을 원했니?
　　　B: 그녀는 디자이너가 되기를 원했어.
02 A: 그는 무엇을 계획하고 있니?
　　　B: 그는 새 차를 사는 것을 계획하고 있어.
03 A: 그의 꿈은 무엇이니?
　　　B: 그의 꿈은 달에 가는 것이야.
04 A: 그녀는 무엇을 희망했니?
　　　B: 그녀는 동물원에 가는 것을 희망했어.
05 A: 너의 목표는 무엇이니?
　　　B: 내 목표는 대학에 들어가는 것이야.
06 A: 그들이 무엇을 결심했니?
　　　B: 그들은 돈을 좀 모으기로 결심했어.

01·02·04·06 want, plan, hope, decide는 to부정사를 목적어로 취하는 동사들로 「to + 동사원형」의 형태의 to부정사를 동사 뒤에 쓴다. 03·05 be동사 뒤의 보어 자리에 to부정사를 쓴다.

Sentence Writing
p. 28

A 01 It is important to know yourself.
  02 Her job is to design a car.
  03 My uncle decided to move to a city.
  04 Did they plan to buy a big house?

B 01 It is dangerous to swim across the river.
  02 You promised to keep the secret.
  03 It is impossible to finish it until tomorrow.
  04 His dream is to become an actor.
  05 We didn't expect to win the final game.

A 01 주어 역할을 하는 to부정사 to know yourself를 문장 뒤에 쓰고, 대신
  주어 자리에 가주어 It을 쓴다. 02 be동사 is 뒤의 보어 자리에 to부정사 to
  design을 쓴다. 03 동사 decide 뒤에 목적어인 to부정사 to move를 쓴다.
  04 동사 plan 뒤에 목적어인 to부정사 to buy를 쓴다.

B 01 · 03 주어 역할을 하는 to부정사를 문장 뒤에 쓰고, 대신 주어 자리에 가주어
  It을 쓴다. 02 · 05 '약속하다' promise, '기대하다' expect는 to부정사를
  목적어로 취하는 동사들로 뒤에 to부정사를 쓴다. 04 be동사 is 뒤의 보어
  자리에 to부정사 to become을 쓴다.

Self-Study
p. 29

A 01 to change   02 to go   03 to study
  04 to build   05 It, to feel

B 01 It, to pass   02 is, to speak
  03 to become (= to be), decided, to study

C 01 His wish is to meet an astronaut.
  02 They expect to work with you.
  03 It is always important to do your best.
  04 Did they promise to buy a piano for you?

A 01 Johnson 씨는 그의 직업을 바꾸기를 원했다.
  02 놀이공원에 가는 것은 항상 흥미진진하다.
  03 내 바람은 뉴욕에서 공부하는 것이다.
  04 그들은 그 강 위로 다리를 건설하는 것을 계획하고 있다.
  05 지진을 느끼는 것은 충격적이었다.

  01 · 04 wish, plan은 to부정사를 목적어로 취하는 동사들로 뒤에 to부정사가
  온다. to부정사는 「to + 동사원형」의 형태이다. 02 주어 자리에 가주어 It이
  오고 있으므로, 진주어인 to부정사가 문장 뒤에 온다. 03 be동사 is 뒤의 보어
  자리에 to부정사가 온다. 05 주어 역할을 하는 to부정사가 문장 뒤에 오고,
  주어 자리에 가주어 It이 온다.

B 01 주어 역할을 하는 to부정사 to pass를 문장 뒤에 쓰고, 대신 주어 자리에
  가주어 It을 쓴다. 02 be동사 is 뒤의 보어 자리에 to부정사 to speak을 쓴다.
  03 want, decide는 to부정사를 목적어로 취하는 동사들로 뒤에 to부정사를
  쓴다.

C 01 be동사 is 뒤의 보어 자리에 to부정사 to meet을 쓴다. 02 · 04 '기대하다'
  expect, '약속하다' promise는 to부정사를 목적어로 취하는 동사들로 뒤에
  to부정사를 쓴다. 03 주어 역할을 하는 to부정사를 문장 뒤에 쓰고, 대신 주어
  자리에 가주어 It을 쓴다.

Unit 04 형용사적 용법, 부사적 용법

Grammar Practice I
p. 31

A 01 to help, 그녀는 너를 도울 약간의 시간이 있을 것이다.
     (형용사적 용법)
  02 to learn, 그는 중국어를 배우기 위하여 중국에 갔다.
     (부사적 용법)
  03 to play, 그 아기는 가지고 놀 것이 있니? (형용사적 용법)
  04 to win, 그들은 그 대회에서 이겨서 행복했다. (부사적 용법)
  05 to finish, 우리는 오늘 끝마쳐야 할 숙제가 많다. (형용사적 용법)
  06 to send, 내 남동생은 편지를 부치기 위하여 우체국에 갔다.
     (부사적 용법)

B 01 to enter   02 to lend   03 to go
  04 to buy   05 listen to   06 to pass
  07 nothing to tell 08 sad to lose 09 anything
  10 to dance with

A 01 · 03 · 05 to부정사가 문장에서 형용사처럼 쓰여 앞의 명사나 대명사를
  수식하는 역할을 하는 형용사적 용법으로, '~하는, ~할'이라고 해석된다.
  02 · 06 to부정사가 문장에서 부사처럼 쓰여 행동의 목적을 나타내는 부사적
  용법으로, '~하기 위하여'라고 해석된다. 04 to부정사가 문장에서 부사처럼
  쓰여 형용사 뒤에 와서 감정의 원인을 나타내는 부사적 용법으로, '~해서,
  ~하니'라고 해석된다.

B 01 그는 대학에 들어가기 위하여 열심히 공부했다.
  02 너는 나에게 빌려줄 돈이 좀 있니?
  03 우리는 너와 함께 캠핑을 가서 기뻤다.
  04 Bill은 표를 사기 위하여 역에 갔니?
  05 그들은 들을 몇 장의 CD를 살 것이다.
  06 Jim은 그 시험에 통과해서 놀랐다.
  07 나는 너에게 말할 것이 아무것도 없다.
  08 그녀는 휴대전화를 잃어버려서 슬펐다.
  09 그 군인들은 먹을 것이 전혀 없다.
  10 Mary는 함께 춤출 누군가를 찾고 있다.

  01 · 04 to부정사가 부사적 용법으로 쓰여 행동의 목적을 나타내는 것으로
  to부정사는 「to + 동사원형」의 형태이다. 02 · 07 · 10 to부정사가 앞의
  명사나 대명사를 수식하는 형용사적 용법으로 쓰인 것으로 to부정사는
  「to + 동사원형」의 형태이고, 명사나 대명사 뒤에 온다. 03 · 06 · 08
  to부정사가 부사적 용법으로 쓰여 감정의 원인을 나타낼 때 glad, surprised,
  sad 등의 형용사 뒤에 온다. 05 to부정사의 동사 listen이 목적어를 가질 수
  없으므로 뒤에 전치사 to를 쓴다. 09 to부정사가 앞의 대명사를 수식하는
  형용사적 용법으로 쓰인 것으로 부정문과 의문문에는 anything을 쓴다.

Grammar Practice II
p. 32

A 01 to hide   02 to borrow
  03 to play with   04 to hear
  05 to drink   06 homework to do
  07 to be   08 pleased to visit
  09 anything to eat 10 to write on

B 01 I studied hard to get an A.
  02 David was pleased to travel to London.
  03 We have some sandwiches to eat for lunch.
  04 She cleaned the house to help her mother.
  05 He has some crayons to draw a picture with.

A 01 우리는 숨길 것이 아무것도 없다.
  02 그녀는 책을 빌리기 위하여 도서관에 갈 것이다.
  03 내 남동생은 가지고 놀 장난감들이 많다.
  04 나는 그의 계획을 듣고 흥분되었다.
  05 냉장고에는 마실 것이 전혀 없다.

06 너는 오늘 할 숙제가 많다.

07 그는 건강하기 위하여 규칙적으로 운동한다.

08 Smith 씨는 서울을 다시 방문하게 되어서 기뻤다.

09 그들은 후식으로 먹을 것이 좀 있니?

10 너는 쓸 종이가 좀 있니?

01 · 05 · 06 · 09 to부정사가 앞의 명사나 대명사를 수식하는 형용사적 용법으로 쓰인 것으로 to부정사는 「to + 동사원형」의 형태이고, 수식하는 명사나 대명사 뒤에 온다. 02 · 07 to부정사가 부사적 용법으로 쓰여 행동의 목적을 나타내는 것으로 to부정사는 「to + 동사원형」의 형태이다. 03 · 10 to부정사가 앞에 나오는 명사를 수식할 때 to부정사의 동사가 목적어를 가질 수 없는 경우 동사 뒤에 알맞은 전치사를 써야 하는데, play 뒤에는 with, write 뒤에는 on을 쓴다. 04 · 08 to부정사가 부사적 용법으로 쓰여 감정의 원인을 나타내는 것으로 형용사 뒤에 「to + 동사원형」의 형태인 to부정사가 온다.

B 보기 의자가 몇 개 있었다. 우리는 그것들에 앉았다.
→ 앉을 의자가 몇 개 있었다.

01 나는 열심히 공부했다. 나는 A를 받기 원했다.
→ 나는 A를 받기 위하여 열심히 공부했다.

02 David는 기뻤다. 그는 런던을 여행했다.
→ David는 런던을 여행해서 기뻤다.

03 우리는 샌드위치가 몇 개 있다. 우리는 그것들을 점심으로 먹을 것이다.
→ 우리는 점심으로 먹을 샌드위치가 몇 개 있다.

04 그녀는 집을 청소했다. 그녀는 어머니를 돕기를 원했다.
→ 그녀는 어머니를 돕기 위하여 집을 청소했다.

05 그는 크레용을 몇 개 가지고 있다. 그는 그것들로 그림을 그릴 것이다.
→ 그는 그림을 그릴 크레용을 몇 개 가지고 있다.

01 · 04 to부정사가 부사적 용법으로 쓰여 행동의 목적을 나타내는 것으로 to부정사는 「to + 동사원형」의 형태이다. 02 to부정사가 부사적 용법으로 쓰여 감정의 원인을 나타내는 것으로 형용사 pleased 뒤에 to부정사를 쓴다. 03 · 05 to부정사가 앞에 나오는 명사를 수식하는 형용사적 용법으로 쓰이는 것으로 수식하는 말 뒤에 to부정사를 쓴다.

Prep Writing   p. 33

A 01 excited, to meet 02 anything, to ask 03 to take, of
04 sad, to lose 05 to wear, to buy

B 01 He is learning English to study abroad.
02 They are happy to go to the concert.
03 He is sad to say goodbye to us.
04 I have some comic books to read.

A 01 · 04 to부정사가 부사적 용법으로 쓰여 감정의 원인을 나타내는 것으로 형용사 excited, sad 뒤에 to부정사를 쓴다. 02 to부정사가 앞의 대명사를 수식하는 형용사적 용법으로 쓰인 것으로 수식하는 말 anything 뒤에 to부정사를 쓴다. 03 형용사적 용법으로 쓰인 to부정사를 수식하는 말 children 뒤에 쓰고, to부정사의 동사가 목적어를 가질 수 없으므로 동사 뒤에 전치사 of를 쓴다. 05 첫 번째 칸에는 형용사적 용법으로 쓰인 to부정사를 수식하는 말 shoes 뒤에 쓰고, 두 번째 칸에는 부사적 용법으로 쓰여 행동의 목적을 나타내는 to부정사를 쓴다.

B 보기 A: 그들은 왜 일찍 일어났니?
B: 그들은 해돋이를 보기 위하여 일찍 일어났어.

01 A: 그는 왜 영어를 배우고 있니?
B: 그는 외국에서 공부하기 위하여 영어를 배우고 있어.

02 A: 그 아이들은 왜 행복하니?
B: 그들은 음악회에 가서 행복해.

03 A: Baker 씨는 왜 슬프니?
B: 그는 우리에게 작별인사를 해서 슬퍼.

04 A: 너는 읽을 것이 좀 있니?
B: 응, 나는 읽을 만화책이 몇 권 있어.

01 to부정사가 부사적 용법으로 쓰여 행동의 목적을 나타내는 것으로 to부정사는 「to + 동사원형」의 형태이다. 02 · 03 to부정사가 부사적 용법으로 쓰여 감정의 원인을 나타내는 것으로 형용사 happy, sad 뒤에 to부정사를 쓴다. 04 to부정사가 앞의 명사를 수식하는 형용사적 용법으로 쓰인 것으로 수식하는 말 some comic books 뒤에 to부정사를 쓴다.

Sentence Writing   p. 34

A 01 Do you have anyone to talk with?
02 He was shocked to see the accident.
03 We have some serious problems to solve.
04 I woke up early to catch the first train.

B 01 The player ran fast to catch the baseball.
02 I was glad to get your email.
03 Are there any chairs to sit on at the park?
04 He did his best to fix my computer.
05 We have something to show you.

A 01 · 03 형용사적 용법으로 쓰이는 to부정사를 수식하는 대명사나 명사 anyone, problems 뒤에 쓴다. 02 감정의 원인을 나타내는 부사적 용법의 to부정사를 형용사 shocked 뒤에 쓴다. 04 행동의 목적을 나타낼 때 to부정사의 부사적 용법을 쓴다.

B 01 · 04 행동의 목적을 나타낼 때 to부정사의 부사적 용법을 쓴다. 02 감정의 원인을 나타내는 부사적 용법의 to부정사를 형용사 glad 뒤에 쓴다. 03 형용사적 용법의 to부정사를 수식하는 명사 any chairs 뒤에 써야 하는데, to부정사의 동사 sit이 목적어를 가질 수 없으므로 뒤에 전치사 on을 쓴다. 05 형용사적 용법으로 쓰이는 to부정사를 수식하는 대명사 something 뒤에 쓴다.

Self-Study   p. 35

A 01 to drink   02 place to visit
03 surprised to hear   04 to learn
05 to play with

B 01 to help   02 sad, to lose
03 to eat, to buy

C 01 They are looking for a house to live in.
02 You need a passport to go to Italy.
03 The children were pleased to go to the water park.
04 Does he have anyone to trust?

A 01 냉장고에 마실 것이 좀 있니?
02 런던은 방문하기에 멋진 곳이다.
03 우리는 그 소문을 듣고 놀랐다.
04 답을 알기 위하여 질문해라.
05 그는 함께 놀 친구가 많지 않다.

01 · 02 to부정사가 앞의 명사나 대명사를 수식하는 형용사적 용법으로 쓰인 것으로 to부정사는 명사나 대명사 뒤에 온다. 03 to부정사가 부사적 용법으로 쓰여 감정의 원인을 나타낼 때 형용사 surprised 뒤에 온다. 04 to부정사가 부사적 용법으로 쓰여 행동의 목적을 나타내는 것으로 to부정사는 「to + 동사원형」의 형태이다. 05 to부정사의 동사가 목적어를 가질 수 없으므로 동사 뒤에 전치사 with가 와야 한다.

B 01 부사적 용법으로 쓰여 행동의 목적을 나타내는 to부정사를 쓴다. 02 to부정사가 부사적 용법으로 쓰여 감정의 원인을 나타내는 것으로 형용사 sad 뒤에 to부정사를 쓴다. 03 형용사적 용법으로 쓰인 to부정사를 수식하는 말 anything, any money 뒤에 쓴다.

C 01 · 04 형용사적 용법의 to부정사 to live in, to trust를 수식하는 명사나 대명사 뒤에 써야 하는데, to부정사의 동사 live는 목적어를 가질 수 없으므로 뒤에 전치사 in을 쓴다. 02 행동의 목적을 나타낼 때 to부정사의 부사적 용법을

쓴다. **03** 감정의 원인을 나타내는 부사적 용법의 to부정사를 형용사 pleased 뒤에 쓴다.

Actual Test
pp. 36~38

01 ③ **02** ④ **03** ⑤ **04** ③ **05** ③ **06** ④ **07** ③ **08** ④
09 ② **10** ⑤ **11** ⑤ **12** ② **13** ④
14 She went to the park to go for a walk.
15 It is not difficult to save energy.
16 I decided to forgive you.
17 They were excited to fly in the sky.
18 to draw pictures, to be an artist, to see famous pictures
19 to take photos, to be a photographer, to buy a new camera
20 to write a novel, to be a writer, to read many books

---

01 그의 꿈은 올림픽 경기에서 금메달을 따는 것이다.

be동사 is 뒤의 보어 자리에 to부정사가 온다. to부정사는 「to + 동사원형」의 형태이다.

02 다리를 건설하는 것은 쉽지 않다.

주어 역할을 하는 to부정사는 문장 뒤로 보내고, 대신 주어 자리에 가주어 It을 쓴다.

03 George는 외국에서 공부하는 것을 원한다/희망한다/결심했다/기대했다.

want, hope, decide, expect는 목적어로 뒤에 to부정사가 오지만, enjoy는 목적어로 뒤에 동명사가 온다.

04 우리는 그 소식을 듣고 기뻤다/슬펐다/흥분되었다/행복했다.

감정의 원인을 나타내는 부사적 용법의 to부정사는 형용사 glad, sad, excited, happy 뒤에 올 수 있지만, 부사 happily 뒤에는 올 수 없다.

05 A: 무언가 마실 것을 원하니? B: 시원한 물 좀 주세요.

형용사적 용법으로 쓰이는 to부정사 to drink를 수식하는 대명사 something 뒤에 쓴다.

06 A: 그녀는 왜 제주도에 갔니?
B: 그녀는 친구를 만나기 위하여 제주도에 갔어.

행동의 목적을 나타낼 때 to부정사의 부사적 용법을 쓴다.

07 · 그 시험을 통과하는 것은 어렵다.
· 나는 영어를 잘하기를 희망한다.
· 너는 들을 CD가 좀 있니?
· 그녀는 A를 받기 위하여 열심히 공부한다.

첫 번째 문장은 주어 자리에 가주어 It이 있으므로, 진주어인 to부정사가 문장 뒤에 오고, 두 번째 문장에서 hope는 to부정사를 목적어로 취하는 동사로 뒤에 to부정사가 온다. 세 번째 문장은 to부정사의 동사 listen이 목적어를 가질 수 없으므로 뒤에 전치사 to가 오고, 네 번째 문장은 행동의 목적을 나타내므로 to부정사의 부사적 용법을 쓴다.

08 보기 그 도둑을 쫓는 것은 힘들었다.
① 그들은 돌볼 아이가 있다.
② 그는 영어를 배우기 위하여 영국에 갔다.
③ 나는 어머니를 찾아서 기뻤다.
④ 너 자신을 믿는 것이 중요하다.
⑤ 나의 아버지는 나에게 자전거를 사주기로 약속하셨다.

보기처럼 to부정사의 명사적 용법으로 주어 역할을 하는 것은 ④이다.
① to부정사의 형용사적 용법 ② to부정사의 부사적 용법
③ to부정사의 부사적 용법 ⑤ to부정사의 명사적 용법으로 목적어 역할

09 ① 너는 그 소식을 듣고 놀랐니?
② 그녀는 운동하기 위하여 공원에 갔다.
③ 그 컴퓨터를 고치는 것은 어렵다.
④ 그녀의 꿈은 대통령이 되는 것이다.
⑤ 나는 마실 것이 전혀 없다.

①·③·④·⑤는 「to + 동사원형」의 형태인 to부정사이고 ②는 to 뒤에 명사가 와서 '~로, ~에게'로 해석되는 전치사이다.

10 ① 그녀는 그를 파티에 초대하기로 결정했다.
② 거기에 가는 것은 위험하다.
③ 그는 호랑이를 보고 흥분했다.
④ 나는 에펠 탑을 보기 위하여 파리에 갔다.
⑤ 너는 약간의 쓸 종이가 필요하다.

⑤ write → write on
to부정사가 앞에 나오는 명사를 수식할 때, to부정사의 동사가 목적어를 가질 수 없는 경우 동사 뒤에 알맞은 전치사를 써야 한다.

11 ⑤ thinking → to think
to부정사가 앞의 명사 some time을 수식하는 형용사적 용법으로 쓰인 것으로 to부정사는 「to + 동사원형」의 형태이다.

12 ② study → to study
행동의 목적을 나타낼 때 to부정사의 부사적 용법을 쓰는데, to부정사는 「to + 동사원형」의 형태이다.

13 ① write → write with ② to does → to do ③ to plays → to play
⑤ to find pleased → pleased to find

14 그녀는 산책하기 위하여 공원에 갔다.

행동의 목적을 나타낼 때 to부정사의 부사적 용법을 쓰는데, to부정사는 「to + 동사원형」의 형태이다.

15 에너지를 절약하는 것은 어렵지 않다.

주어 역할을 하는 to부정사는 문장 뒤로 보내고, 대신 주어 자리에는 가주어 It을 쓴다.

16 '결심하다' decide는 to부정사를 목적어로 취하는 동사이므로 뒤에 to부정사 to forgive를 쓴다.

17 감정의 원인을 나타내는 부사적 용법의 to부정사를 형용사 excited 뒤에 쓴다.

18 나는 그림 그리기를 원한다. 내 꿈은 화가가 되는 것이다. 나의 계획은 유명한 그림들을 보기 위하여 많은 미술관을 방문하는 것이다.

19 Amy는 사진을 찍기 원한다. 그녀의 꿈은 사진사가 되는 것이다. 그녀의 계획은 새 카메라를 사기 위하여 돈을 모으는 것이다.

20 David는 소설을 쓰기 원한다. 그의 꿈은 작가가 되는 것이다. 그의 계획은 많은 책을 읽기 위하여 매일 도서관에 가는 것이다.

18·19·20 want는 to부정사를 목적어로 취하는 동사로 뒤에 to부정사를 쓰고, be동사 is 뒤의 보어 자리에도 to부정사를 쓴다. 행동의 목적을 나타낼 때 to부정사의 부사적 용법을 쓴다.

Unit 05 동명사의 개념과 역할

Grammar Practice I
p. 41

A　01 Riding, 자전거를 타는 것은 매우 재미있다. (주어)
　　02 watching, 멕시코 사람들은 축구 경기를 보는 것을 즐긴다. (목적어)
　　03 teaching, 그녀의 직업은 영어를 가르치는 것이었다. (보어)
　　04 becoming, 그는 과학자가 되는 것을 포기했다. (목적어)
　　05 Swimming, 바다에서 수영하는 것은 위험하다. (주어)
　　06 playing, 우리의 취미는 농구를 하는 것이다. (보어)

B　01 opening　　02 collecting　　03 Writing
　　04 playing　　05 is　　06 learning
　　07 is　　08 avoids　　09 helping
　　10 making

A　01 · 05 동명사가 주어로 쓰이는 것으로, '~하는 것은, ~하기'라고 해석된다. 02 · 04 동명사가 동사나 전치사 뒤에 와서 목적어로 쓰이는 것으로, '~하는 것을, ~하기를'이라고 해석된다. 03 · 06 동명사가 be동사 뒤에 와서 보어로 쓰이는 것으로, '~하는 것이다'라고 해석된다.

B　01 나는 창문을 여는 것을 꺼리지 않는다.
　　02 그의 취미는 우표를 모으는 것이다.
　　03 매일 일기를 쓰는 것은 쉽지 않다.
　　04 너는 테니스를 잘 치니?
　　05 비밀을 지키는 것은 중요하다.
　　06 James는 스페인어를 배우는 것을 포기할 것이다.
　　07 거짓말을 하는 것은 좋지 않다.
　　08 나의 어머니는 밤에 커피를 마시는 것을 피하신다.
　　09 어제 나를 도와줘서 고마워.
　　10 그녀는 저녁을 준비하는 것을 끝냈니?

01 · 06 · 10 mind, give up, finish는 동명사를 목적어로 취하는 동사들로 뒤에 동명사가 온다. 동명사는 「동사원형 + -ing」의 형태이다. 02 be동사 뒤의 보어 자리에 동명사가 온다. 03 동명사가 주어 자리에 와서 주어 역할을 한다. 04 · 09 동명사가 전치사 뒤에 와서 목적어 역할을 한다. 05 · 07 동명사 주어는 단수 취급하여 뒤에 단수동사가 온다. 08 뒤에 동명사가 목적어로 오고 있으므로 동명사를 목적어로 취하는 동사 avoids가 온다.

Grammar Practice II
p. 42

A　01 going　　02 speaking　　03 is
　　04 writing　　05 eating　　06 taking
　　07 solving　　08 is　　09 failing

B　01 drawing　　02 turning on　　03 brushing
　　04 climbing　　05 Listening　　06 waiting
　　07 driving　　08 Speaking　　09 cooking
　　10 answering

A　01 Sally는 영화 보러 가는 것을 즐기니?
　　02 내 여동생은 중국어를 잘한다.
　　03 그 규칙들을 지키는 것은 필요하다.
　　04 너는 에세이를 쓰는 것을 끝냈니?
　　05 우리는 정크 푸드를 먹는 것을 피해야 한다.
　　06 너는 사진 찍는 것을 꺼리니?
　　07 나는 그 문제를 푸는 것을 포기하지 않을 것이다.
　　08 컴퓨터 게임을 하는 것은 아이들에게 좋지 않다.
　　09 그 시험에 떨어지는 것에 대해 걱정하지 말아라.

01 · 04 · 05 · 06 · 07 enjoy, finish, avoid, mind, give up은 동명사를 목적어로 취하는 동사들로 뒤에 동명사가 온다. 동명사는 「동사원형 + -ing」의 형태이다. 02 · 09 전치사 at, about 뒤에 동명사가 목적어로 온다. 03 · 08 동명사 주어는 단수 취급하므로 단수동사를 쓴다.

B　01 내 여동생은 그림 그리는 것을 즐긴다.
　　02 매우 춥다. 너는 히터를 켜는 것을 꺼리니?
　　03 그녀는 양치하는 것을 끝냈니?
　　04 그의 취미는 등산하는 것이다.
　　05 음악을 듣는 것은 모든 사람에게 좋다.
　　06 나를 30분 동안 기다려 주어서 고마워.
　　07 Brown 씨는 밤에 차를 운전하는 것을 싫어했다.
　　08 영어를 유창하게 말하기는 쉽지 않다.
　　09 나의 어머니는 이탈리아 음식을 잘하신다.
　　10 그들은 네 질문에 대답하는 것을 포기했다.

01 · 02 · 03 · 07 · 10 동사 enjoy, mind, finish, avoid, give up 뒤에 동명사가 와서 목적어 역할을 하는 것으로 pictures 앞에는 drawing, the heater 앞에는 turning on, her teeth 앞에는 brushing, his car 앞에는 driving, your question 앞에는 answering이 오는 것이 자연스럽다. 04 be동사 is 뒤에 동명사가 와서 보어 역할을 하는 것으로 mountains 앞에는 climbing이 오는 것이 자연스럽다. 05 · 08 주어 자리에 동명사가 와서 주어 역할을 하는 것으로 to music 앞에는 Listening, English 앞에는 Speaking이 오는 것이 자연스럽다. 06 · 09 전치사 뒤에 동명사가 목적어로 오는 것으로 for me 앞에는 waiting, Italian food 앞에는 cooking이 오는 것이 자연스럽다.

Prep Writing
p. 43

A　01 Eating (= Having), is　　02 is, knitting
　　03 avoided, telling　　04 about, joining
　　05 enjoys, riding, playing

B　01 She enjoys going shopping.
　　02 I mind going outside at night.
　　03 He gave up drinking alcohol.
　　04 They avoid meeting the police.
　　05 They finished making a sandcastle.
　　06 She is worrying about having an interview.

A　01 주어 자리에 동명사 Eating (= Having)을 쓰고, 동명사 주어는 단수 취급하므로 단수동사 is를 쓴다. 02 be동사 is 뒤의 보어 자리에 동명사 knitting을 쓴다. 03 '피하다' avoid는 동명사를 목적어로 취하는 동사로 뒤에 telling을 쓴다. 04 전치사 about 뒤에 동명사 joining을 목적어로 쓴다. 05 '즐기다' enjoy는 동명사를 목적어로 취하는 동사로 뒤에 riding, playing을 쓴다.

B　01 A: 그녀가 즐기는 것은 무엇이니?
　　　　B: 그녀는 쇼핑하는 것을 즐겨.
　　02 A: 네가 꺼리는 것은 무엇이니?
　　　　B: 나는 밤에 밖에 나가는 것을 꺼려.
　　03 A: 네 아버지는 무엇을 포기하셨니?
　　　　B: 아버지는 술 마시는 것을 포기하셨어.
　　04 A: 도둑들은 무엇을 피하니?
　　　　B: 그들은 경찰을 만나는 것을 피해.
　　05 A: 그들은 무엇을 끝냈니?
　　　　B: 그들은 모래성을 만드는 것을 끝냈어.
　　06 A: 그녀는 무엇을 걱정하고 있니?
　　　　B: 그녀는 인터뷰하는 것에 대해 걱정하고 있어.

01 · 02 · 03 · 04 · 05 enjoy, mind, give up, avoid, finish는 동명사를 목적어로 취하는 동사들로 뒤에 동명사를 쓴다. 06 전치사 about 뒤에 동명사를 목적어로 쓴다.

Sentence Writing
p. 44

A 01 Is your sister good at singing songs?
　 02 His hobby is listening to the radio.
　 03 She doesn't mind asking a question.
　 04 Surfing the Internet is not difficult.

D 01 Mr. Smith gave up attending the meeting.
　 02 Climbing a tree is dangerous.
　 03 My hobby is making model airplanes.
　 04 She enjoyed taking a walk in the afternoon.
　 05 Thank you for answering my question.

A 01 전치사의 목적어 역할을 하는 동명사 singing을 at 뒤에 쓴다. 02 보어 역할을 하는 동명사 listening to를 be동사 뒤에 쓴다. 03 동사의 목적어 역할을 하는 동명사 asking을 동사 mind 뒤에 쓴다. 04 주어 역할을 하는 동명사 Surfing the Internet을 주어 자리에 쓴다. 동명사 주어는 단수 취급하므로 뒤에 단수동사 is를 쓴다.

B 01 · 04 '포기하다' give up, '즐기다' enjoy는 동명사를 목적어로 취하는 동사들로 뒤에 동명사를 쓴다. 02 주어 역할을 하는 동명사 Climbing a tree를 주어 자리에 쓴다. 동명사 주어는 단수 취급하므로 뒤에 단수동사 is를 쓴다. 03 보어 역할을 하는 동명사 making을 be동사 is 뒤에 쓴다. 05 전치사의 목적어 역할을 하는 동명사 answering을 for 뒤에 쓴다.

Self-Study
p. 45

A 01 Getting　　02 doing　　03 driving
　 04 lending　　05 Recycling, is

B 01 Reading, is　　02 avoids, going　　03 visiting

C 01 Understanding his idea is difficult.
　 02 Do you mind making mistakes?
　 03 She finished talking on the phone.
　 04 David enjoys looking at the stars at night.

A 01 많은 정보를 얻는 것은 중요하다.
　 02 네 어머니는 빨래를 끝마치셨니?
　 03 그의 직업은 택시를 운전하는 것이다.
　 04 너는 나에게 네 우산을 빌려주는 것을 꺼리니?
　 05 종이와 플라스틱을 재활용하는 것이 필요하다.

01 동명사가 주어 자리에 와서 주어 역할을 한다. 02 · 04 finish, mind는 동명사를 목적어로 취하는 동사들로 뒤에 동명사가 온다. 03 be동사 is 뒤의 보어 자리에 동명사가 온다. 05 동명사가 주어 자리에 와서 주어 역할을 하고, 동명사 주어는 단수 취급하므로 단수동사를 쓴다.

B 01 주어 자리에 동명사 Reading을 쓰고, 동명사 주어는 단수 취급하므로 단수동사를 쓴다. 02 '피하다' avoid는 동명사를 목적어로 취하는 동사로 뒤에 going을 쓴다. 03 전치사 for 뒤에 동명사를 목적어로 쓴다.

C 01 주어 역할을 하는 동명사 Understanding his idea를 주어 자리에 쓰고, 뒤에 단수동사 is를 쓴다. 02 · 03 · 04 '꺼리다' mind, '끝마치다' finish, '즐기다' enjoy는 동명사를 목적어로 취하는 동사들로 뒤에 동명사를 쓴다.

Unit 06 동명사와 to부정사

Grammar Practice I
p. 47

A 01 to do　　02 playing　　03 likes
　 04 doing　　05 to travel　　06 gave up
　 07 start　　08 to come　　09 hates
　 10 hope　　11 to win　　12 mind

B 01 eating　　　　　02 to cry (= crying)
　 03 finding　　　　04 to fix
　 05 to be (= being)　06 to become
　 07 to visit　　　　08 to live
　 09 to watch (= watching)　10 taking

A 01 너는 이번 주말에 무엇을 하는 것을 계획하고 있니?
　 02 Mike는 컴퓨터 게임 하는 것을 즐긴다.
　 03 Bean 씨는 산책하러 가는 것을 좋아한다.
　 04 그녀는 빨래하는 것을 끝마쳤니?
　 05 너는 어디로 여행을 가기로 결심했니?
　 06 Sarah는 그 문제를 푸는 것을 포기했다.
　 07 비가 오기 시작했니?
　 08 그녀는 일찍 돌아올 것을 약속했다.
　 09 내 남동생은 샤워하는 것을 싫어한다.
　 10 사람들은 외계인을 만나는 것을 희망한다.
　 11 그들은 금메달 따는 것을 기대했다.
　 12 그는 밤에 전화 통화하는 것을 꺼리니?

01 · 05 · 08 · 10 · 11 plan, decide, promise, hope, expect는 to부정사만을 목적어로 취하는 동사들로 뒤에 to부정사가 온다. 02 · 04 · 06 · 12 enjoy, finish, give up, mind는 동명사만을 목적어로 취하는 동사들로 뒤에 동명사가 온다. 03 · 07 like, start는 to부정사와 동명사를 모두 목적어로 취할 수 있지만, mind, finish는 동명사만을 목적어로 취한다. 09 wish는 to부정사만을 목적어로 취하고, hate는 to부정사와 동명사를 모두 목적어로 취할 수 있다.

B 01 그는 과일과 야채를 먹는 것을 피하니?
　 02 Amy는 그 소식을 들었을 때 울기 시작했다.
　 03 그들은 그들의 강아지를 찾는 것을 포기하지 않을 것이다.
　 04 그가 네 컴퓨터를 고쳐줄 것을 약속했니?
　 05 나의 선생님은 학교에 결석하는 것을 싫어하신다.
　 06 그 소녀는 유명한 발레리나가 되는 것을 원한다.
　 07 너는 디즈니랜드를 방문할 것을 계획하고 있니?
　 08 모든 사람은 행복하고 건강하게 살기를 원한다.
　 09 대부분의 아이들은 만화 영화를 보는 것을 좋아한다.
　 10 Smith 씨는 오후에 낮잠을 자는 것을 즐긴다.

01 · 03 · 10 avoid, give up, enjoy는 동명사만을 목적어로 취하는 동사들로 뒤에 동명사를 쓴다. 02 · 05 · 09 begin, hate, like는 to부정사와 동명사를 모두 목적어로 취하는 동사들로 뒤에 to부정사나 동명사를 쓴다. 04 · 06 · 07 · 08 promise, want, plan, wish는 to부정사만을 목적어로 취하는 동사들로 뒤에 to부정사를 쓴다.

Grammar Practice II
p. 48

A 01 eating　　　　　02 to learn
　 03 to snow (= snowing)　04 become
　 05 playing　　　　06 to fight (= fighting)
　 07 to travel　　　08 planting
　 09 to fly (= flying)　10 taking

B 01 My grandmother loves to grow flowers.
　 02 The child hates taking medicine.
　 03 The boy began counting from 0 to 10.
　 04 They like going to the beach in summer.
　 05 The old man started to tell his story.

A
01 그들은 매운 음식을 먹는 것을 꺼리니?
02 그 소년은 마술을 배우기로 결심했다.
03 갑자기 밖에 눈이 오기 시작했다.
04 그는 우주 비행사가 되기를 희망한다.
05 내 삼촌은 기타 치는 것을 즐긴다.
06 나는 내 친구들과 싸우는 것을 싫어한다.
07 그녀는 외국을 여행하는 것을 기대하니?
08 우리는 나무를 심는 것을 끝마쳤다.
09 내 남동생은 연을 날리는 것을 좋아한다.
10 그는 왜 버스 타는 것을 피하니?

01 · 05 · 08 · 10 mind, enjoy, finish, avoid는 동명사만을 목적어로 취하는 동사들로 뒤에 동명사가 온다. **02 · 07** decide, expect는 to부정사만을 목적어로 취하는 동사들로 뒤에 to부정사가 온다. **03 · 06 · 09** start, hate, like는 to부정사와 동명사를 모두 목적어로 취하는 동사로, to부정사는 「to + 동사원형」의 형태이고, 동명사는 「동사원형 + -ing」의 형태이다. **04** hope는 to부정사만을 목적어로 취하는 동사로 to부정사는 「to + 동사원형」의 형태이다.

B 보기 그 아기는 울기 시작했다.
01 나의 할머니는 꽃을 키우는 것을 사랑하신다.
02 그 아이는 약 먹는 것을 싫어한다.
03 그 소년은 0부터 10까지 세기 시작했다.
04 그들은 여름에 해변에 가는 것을 좋아한다.
05 그 노인은 자신의 이야기를 하기 시작했다.

love, hate, begin, like, start는 to부정사와 동명사를 모두 목적어로 취하는 동사들로, to부정사와 동명사를 서로 바꾸어 써도 같은 의미의 문장이 된다.

Prep Writing p. 49

A 01 promised, to buy   02 planning, to visit
03 hates, to get (= getting)   04 to watch, watching
05 to pass, to study (= studying)

B 01 She enjoys reading comic books.
02 She expects to win first prize.
03 I finished making a model airplane.
04 They started to learn (= learning) Chinese.
05 He minds driving his car on snowy days.
06 He promised to be on time.

A **01 · 02** '약속하다' promise, '계획하다' plan은 to부정사만을 목적어로 취하는 동사들로 뒤에 to부정사를 쓴다. **03** '싫어하다' hate는 to부정사와 동명사를 모두 목적어로 쓸 수 있다. **04** wants 뒤에 to부정사를 목적어로 쓰고, give up은 뒤에 동명사를 목적어로 쓴다. **05** hope는 뒤에 to부정사를 목적어로 쓰고, start는 뒤에 to부정사와 동명사를 모두 목적어로 쓸 수 있다.

B 01 A: 그녀가 즐기는 것은 무엇이니?
   B: 그녀는 만화책을 읽는 것을 즐겨.
02 A: 그녀는 무엇을 기대하니?
   B: 그녀는 일등상을 받는 것을 기대해.
03 A: 너는 무엇을 끝마쳤니?
   B: 나는 모형 비행기 만드는 것을 끝마쳤어.
04 A: 그들은 무엇을 시작했니?
   B: 그들은 중국어 배우는 것을 시작했어.
05 A: 네 아버지는 무엇을 꺼리시니?
   B: 나의 아버지는 눈 오는 날에 차를 운전하시는 것을 꺼리셔.
06 A: 그는 무엇을 약속했니?
   B: 그는 제시간에 올 것을 약속했어.

01 · 03 · 05 enjoy, finish, mind는 동명사만을 목적어로 취하는 동사들로 뒤에 동명사를 쓴다. **02 · 06** expect, promise는 to부정사만을 목적어로 취하는 동사로 뒤에 to부정사를 쓴다. **04** start는 to부정사와 동명사를 모두 목적어로 취할 수 있다.

Sentence Writing p. 50

A 01 Michael decided to do exercise every day.
02 The cat gave up chasing the mouse.
03 The snowman began to melt slowly.
04 My father hates breaking a promise.

B 01 Do you expect to meet him again?
02 We enjoyed eating out on the weekend.
03 My sister likes to play (= playing) with her teddy bear.
04 Water starts to boil (= boiling) at 100°C.
05 They mind fighting each other.

A 01 decide는 to부정사만을 목적어로 취하는 동사로 뒤에 to do를 쓴다. 02 give up은 동명사만을 목적어로 취하는 동사로 뒤에 chasing을 쓴다. 03 · 04 begin, hate는 to부정사와 동명사를 모두 목적어로 취할 수 있는 동사들로 began 뒤에는 to부정사 to melt를 쓰고, hates 뒤에는 동명사 breaking을 쓴다.

B 01 '기대하다' expect는 to부정사만을 목적어로 취하는 동사로 뒤에 to부정사를 쓴다. 02 · 05 '즐기다' enjoy, '꺼리다' mind는 동명사만을 목적어로 취하는 동사들로 뒤에 동명사를 쓴다. 03 · 04 '좋아하다' like, '시작하다' starts는 to부정사와 동명사를 모두 목적어로 취할 수 있는 동사들로 뒤에 to부정사나 동명사를 쓴다.

Self-Study p. 51

A 01 to go   02 building   03 to live
04 wanted   05 doing

B 01 mind, turning   02 to help, to wash (= washing)
03 enjoy, playing

C 01 She gave up losing weight.
02 They hope to enter a university.
03 She hates to have (= having) a pet.
04 We didn't expect to succeed.

A 01 나는 지난밤에 그 음악회에 가기를 희망했다.
02 그들은 그 다리를 건설하는 것을 포기하니?
03 Baker 씨는 한국에서 사는 것을 아주 좋아한다.
04 그들은 일찍 일어나기를 원했지만, 늦잠을 잤다.
05 그녀는 조금 전에 숙제하는 것을 끝마쳤다.

01 · 04 hope, want는 to부정사만을 목적어로 취하는 동사들로 뒤에 to부정사가 온다. **02 · 05** give up, finish는 동명사만을 목적어로 취하는 동사들로 뒤에 동명사가 온다. **03** love는 to부정사와 동명사를 모두 목적어로 취할 수 있다.

B **01 · 03** '꺼리다' mind, '즐기다' enjoy는 뒤에 동명사만을 목적어로 쓴다. **02** '원하다' want는 뒤에 to부정사만을 목적어로 쓰고, '시작하다' start는 뒤에 to부정사와 동명사를 모두 목적어로 쓸 수 있다.

C **01** '포기하다' give up은 동명사만을 목적어로 취하는 동사로 뒤에 동명사를 쓴다. **02 · 04** '희망하다' hope, '기대하다' expect는 to부정사만을 목적어로 취하는 동사로 뒤에 to부정사를 쓴다. **03** '싫어하다' hate는 to부정사와 동명사를 모두 목적어로 취할 수 있는 동사로 뒤에 to부정사나 동명사를 쓴다.

Actual Test
pp. 52–54

01 ③ 02 ③ 03 ④ 04 ② 05 ① 06 ④ 07 ② 08 ②
09 ④ 10 ④ 11 ⑤ 12 ② 13 ⑤
14 to meet, meeting   15 to sleep, to cry (= crying)
16 You promised to listen to your mother.
17 He minds crying in front of people.
18 The boy likes to watch (= watching) birds and insects.
19 She enjoys watching movies.
   She hopes to be a movie director.
   She hates to study math (= studying math).
20 He enjoys playing soccer.
   He hopes to meet a famous soccer player.
   He hates to take showers (= taking showers).

01 영어 일기를 쓰는 것은 어렵지 않다.
   주어 자리에 주어 역할을 하는 동명사를 쓴다.

02 내 남동생은 컴퓨터 게임 하는 것을 즐겼다/끝마쳤다/피했다/포기했다.
   목적어 자리에 동명사가 오고 있으므로 to부정사를 목적어로 취하는
   planned는 올 수 없다.

03 그들은 주말에 영화 보러 가는 것을 좋아한다/희망한다/싫어한다/매우 좋
   아한다.
   목적어 자리에 to부정사가 오고 있으므로 동명사를 목적어로 취하는 mind는
   올 수 없다.

04 A: 너는 불을 켜는 것을 꺼리니? B: 아니오, 그렇지 않아요.
   mind는 뒤에 동명사를 목적어로 쓴다.

05 A: 그녀는 무엇을 약속했니?
   B: 그녀는 나에게 새 가방을 사주기로 약속했어.
   promise는 뒤에 to부정사를 목적어로 쓴다.

06 · 그는 비 오는 날에 차를 운전하는 것을 피한다.
   · 그녀는 운전을 잘한다.
   avoid는 뒤에 동명사가 목적어로 오고, 전치사 at 뒤에는 동명사가 목적어로
   온다. 동명사는 「동사원형 + -ing」의 형태이다.

07 · 나의 할머니는 게으른 것을 싫어하신다.
   · 그들은 외국에서 공부하기로 결심했니?
   hate는 뒤에 to부정사와 동명사가 모두 목적어로 올 수 있으며, decide는 뒤에
   to부정사가 목적어로 온다.

08 ① 그의 취미는 드럼을 연주하는 것이다.
   ② 그들은 지금 야구를 하고 있다.
   ③ 마술쇼를 보는 것은 재미있다.
   ④ 정크 푸드를 먹는 것은 좋지 않다.
   ⑤ 그녀는 집을 청소하는 것을 끝마쳤다.
   ① ③ ④ ⑤는 문장에서 주어, 보어, 목적어 역할을 하는 동명사이고 ②는
   현재 진행중인 동작을 나타낼 때 쓰는 「be동사 + 동사원형-ing」의 형태인
   현재진행형이다.

09 보기 우리는 그 식물에 물 주는 것을 끝마쳤다.
   ① 나는 내 우산을 찾는 것을 포기했다.
   ② 그는 그들과 함께 공부하는 것을 피한다.
   ③ 나는 유럽을 여행하는 것을 즐겼다.
   ④ 그의 취미는 과자를 굽는 것이다.
   ⑤ 너는 나에게 펜을 빌려주는 것을 꺼리니?
   보기와 ① ② ③ ⑤에 있는 동명사들은 동사 finish, mind, avoid, enjoy, give
   up의 목적어로 쓰이고 있는 반면 ④의 동명사는 be동사 뒤의 보어 자리에 와서
   보어로 쓰이고 있다.

10 ① 나는 그 동아리에 가입하기로 결심했다.
   ② 그는 일찍 잠자리에 들기로 약속했다.
   ③ 너는 파티에 그를 초대하는 것을 꺼리니?
   ④ 그 개는 크게 짓기 시작했다.
   ⑤ 나의 어머니는 라디오 듣는 것을 좋아하신다.
   ④ bark → to bark (= barking)
   begin은 to부정사와 동명사를 모두 목적어로 취할 수 있는데, to부정사는
   「to + 동사원형」의 형태이고, 동명사는 「동사원형 + -ing」의 형태이다.

11 ⑤ to going → going
   '포기하다' give up은 뒤에 동명사를 목적어로 쓴다.

12 ② are → is
   동명사 주어는 단수 취급하여 뒤에 단수동사를 쓴다.

13 ① miss → missing ② buying → to buy ③ to raining → to rain (=
   raining) ④ to help → helping

14 hope는 뒤에 to부정사를 목적어로 쓰고, avoid는 뒤에 동명사를 목적어로
   쓴다.

15 want는 뒤에 to부정사를 목적어로 쓰고, begin은 뒤에 to부정사와 동명사를
   모두 목적어로 쓸 수 있다.

16 '약속하다' promise는 to부정사를 목적어로 취하는 동사로 뒤에 to부정사를
   쓴다.

17 '꺼리다' mind는 동명사를 목적어로 취하는 동사로 뒤에 동명사를 쓴다.

18 like는 to부정사와 동명사를 모두 목적어로 취할 수 있는 동사로 뒤에
   to부정사나 동명사를 쓴다.

19 A: Kate는 무엇을 즐기니?   B: 그녀는 영화 보는 것을 즐겨.
   A: 그녀는 무엇을 희망하니? B: 그녀는 영화 감독이 되기를 희망해.
   A: 그녀는 무엇을 싫어하니? B: 그녀는 수학 공부하는 것을 싫어해.

20 A: Paul은 무엇을 즐기니?   B: 그는 축구 하는 것을 즐겨.
   A: 그는 무엇을 희망하니?   B: 그는 유명한 축구 선수 만나기를 희망해.
   A: 그는 무엇을 싫어하니?   B: 그는 샤워하는 것을 싫어해.
   19 · 20 enjoy는 동명사만을 목적어로 취하는 동사로 뒤에 동명사를 쓰고,
   hope는 to부정사만을 목적어로 취하는 동사로 뒤에 to부정사를 쓴다. hate는
   to부정사와 동명사를 모두 목적어로 취할 수 있는 동사로 뒤에 to부정사나
   동명사를 쓴다.

문장의 형식

Unit 07 주어 + 동사 + 목적어 + 목적보어

Grammar Practice I
p. 57

A
01 목적보어	02 목적어	03 목적보어
04 목적보어	05 목적어	06 목적보어
07 목적보어	08 목적보어	09 목적어
10 목적보어		

B
01 sad	02 the dog Lucky	03 Sweetie
04 her beautiful	05 quiet	06 angry
07 him	08 dangerous	09 make
10 named	11 them	12 healthy

A 01 그 영화는 그 여배우를 유명하게 만들었다.
02 나는 선생님께 약간의 꽃을 보내드렸다.
03 그는 그의 아들을 Jimmy라고 이름 지었다.
04 우리는 그 만화책이 재미있다는 것을 알게 되었다.
05 그녀의 어머니는 우리에게 맛있는 쿠키를 만들어주셨다.
06 사람들은 왜 Jason을 바보라고 부르니?
07 이 스카프는 너를 따뜻하게 해줄 것이다.
08 그 창문을 열린 채로 두세요.
09 Brown 선생님은 작년에 우리에게 영어를 가르쳤다.
10 그들은 그를 의장으로 선출했다.

01 · 04 · 07 · 08 목적보어 자리에 형용사가 와서 목적어의 상태나 성질을 보충 설명해주고 있다. 02 · 05 · 09 동사 뒤에 두 개의 목적어가 오는 문장들로 밑줄 친 부분은 직접목적어로 '~을/를'로 해석된다. 03 · 06 · 10 목적보어 자리에 명사가 와서 목적어가 누구인지 또는 무엇인지를 말해주고 있다.

B 01 그 영화는 사람들을 슬프게 만들었다.
02 그는 그 개를 Lucky라고 이름 지었다.
03 그들은 그들의 딸을 Sweetie라고 부른다.
04 모든 사람이 그녀를 아름답다고 생각한다.
05 당신의 아이들이 조용히 하도록 하는 게 어때요?
06 네 어머니를 화나게 하지 말아라.
07 우리는 그를 우리 반 반장으로 선출했다.
08 나는 그 동굴이 위험하다는 것을 알게 되었다.
09 당신은 아들을 의사로 만들 것인가요?
10 그들은 그 배를 타이타닉이라고 이름 지었다.
11 그 점원은 그들이 정직하다고 생각했다.
12 규칙적인 운동은 너를 건강하게 해준다.

01 · 05 · 06 · 08 · 12 동사 make, keep, find는 목적보어 자리에 형용사가 온다. 02 동사 named 뒤에 목적어 the dog이 오고, 그 다음에 목적보어 Lucky가 온다. 03 동사 call은 뒤에 「목적어 + 목적보어」 순으로 오는데, 목적보어 앞에는 전치사가 오지 않는다. 04 · 07 · 11 목적어 자리에 대명사가 오는 경우 목적격으로 쓴다. 09 · 10 doctor, Titanic은 목적어가 누구인지 또는 무엇인지를 말해주는 목적보어로 뒤에 「목적어 + 목적보어」가 올 수 있는 동사 make, named가 온다.

Grammar Practice II
p. 58

A
01 soft	02 closed
03 class president	04 sour
05 a famous singer	06 Jenny
07 scared	08 fat
09 a rose	10 easy

B 01 His story made a lot of people happy.
　　　주어　　동사　　　목적어　　　목적보어
(→ 그의 이야기는 많은 사람들을 행복하게 만들었다.)
02 David made the child a model airplane.
　　주어　　동사　간접목적어　　직접목적어
(→ David는 그 아이에게 모형 비행기를 만들어주었다.)
03 People named the gorilla Bobo.
　　주어　　동사　　목적어　목적보어
(→ 사람들은 그 고릴라를 Bobo라고 이름 지었다.)
04 She showed her friend an old picture.
　주어　동사　간접목적어　　직접목적어
(→ 그녀는 친구에게 오래된 사진 하나를 보여주었다.)
05 We should keep our hands clean.
　주어　　동사　　　목적어　목적보어
(→ 우리는 손을 깨끗하게 유지해야 한다.)

A 01 이 크림은 네 피부를 부드럽게 해준다.
02 날씨가 춥다. 창문을 닫힌 채로 두어라.
03 우리는 John을 반장으로 선출했다.
04 나는 그 레몬은 너무 시다고 생각했다.
05 이 노래는 그녀를 유명한 가수로 만들었다.
06 그 부부는 그들의 딸을 Jenny라고 이름 지었다.
07 그 큰 소리는 우리를 두렵게 만들었다.
08 정크 푸드는 당신의 아이들을 뚱뚱하게 만든다.
09 사람들은 그 꽃을 장미라고 부른다.
10 학생들은 그 시험이 쉽다는 것을 알게 되었다.

01 · 02 · 04 · 07 · 08 · 10 목적보어 자리에 형용사가 와서 목적어의 상태나 성질을 보충 설명해주는 문장으로 your skin 다음에는 soft, the window 다음에는 closed, the lemon 다음에는 sour, us 다음에는 우리의 상태를 설명해주는 scared, your children 다음에는 fat, the test 다음에는 easy가 오는 것이 문맥상 자연스럽다. 03 · 05 · 06 · 09 목적보어 자리에 명사가 와서 목적어가 누구인지 또는 무엇인지를 말해주는 문장으로 John 다음에는 class president, her 다음에는 a famous singer, their daughter 다음에는 Jenny, the flower 다음에는 a rose가 오는 것이 문맥상 자연스럽다.

B 01 · 03 · 05 목적어 뒤에 목적보어가 오는 문장들로 목적보어 자리에 명사가 오면 목적어가 누구인지 또는 무엇인지를 말해주고, 형용사가 오면 목적어의 상태나 성질을 보충 설명해준다. 02 · 04 동사 뒤에 두 개의 목적어가 오는 문장들로 앞에 오는 간접목적어는 '~에게'로 해석되고, 뒤에 오는 직접목적어는 '~을/를'로 해석된다.

Prep Writing
p. 59

A
01 thought, strange	02 elected, him
03 keep, yourself, busy	04 bought, makes, me
05 named, called, him	

B 01 The air conditioner makes the office cool.
02 This jacket kept my body warm.
03 We thought you tired last night.
04 People call the island Dokdo.
05 They will elect him the next president.
06 I found his adventure dangerous.

A 01 '생각했다'는 동사 thought를 쓰고, 목적어 his voice를 보충 설명해주는 형용사 목적보어 strange를 쓴다. 02 '선출했다'는 동사 elected를 쓰고, 뒤의 목적어 자리에 대명사 he의 목적격 him을 쓴다. 03 '유지해라'는 동사 keep을 쓰고, 뒤의 목적어 자리에 재귀대명사 yourself를 쓰고, 그 다음에 목적어를 보충 설명해주는 형용사 목적보어 busy를 쓴다. 04 첫 번째 문장은 동사 뒤에 두 개의 목적어가 오는 문장으로 '사주었다'는 bought를 쓴다. 두 번째 문장은 목적어 뒤에 형용사 목적보어가 오는 문장으로 '만든다'는 makes를 쓰고, 목적어 자리에 대명사 I의 목적격 me를 쓴다. 05 '이름 지었다'는 동사 named를 쓰고, '불렀다'는 called를 쓴다. called 뒤의 목적어 자리에는 대명사 he의 목적격 him을 쓴다.

B 01 · 02 · 06 동사 makes, kept, found는 목적보어 자리에 형용사 cool, warm, dangerous가 온다. 03 목적어 자리에 대명사가 오는 경우 목적격으로 쓴다. 04 · 05 동사 call, elect는 뒤에 「목적어 + 목적보어」 순으로 오는데 목적보어 앞에는 전치사가 오지 않는다.

Sentence Writing   p. 60

A 01 You should always keep it a secret.
　　02 His invention made people comfortable.
　　03 I thought his new plan wonderful.
　　04 We call our English teacher Mr. Big.

B 01 Brian named his parrot Polly.
　　02 They will make their son a pilot.
　　03 Will you elect James class president?
　　04 The police officers found the building empty.
　　05 Don't leave your sister alone.

A 01 · 04 동사 keep, call은 목적보어 자리에 명사가 오므로 「주어 + 동사 + 목적어 + 목적보어 (명사)」 순으로 쓴다. 02 · 03 동사 made, thought는 목적보어 자리에 형용사가 오므로 「주어 + 동사 + 목적어 + 목적보어 (형용사)」 순으로 쓴다.

B 01 · 02 · 03 '이름 짓다' name, '만들다' make, '선출하다' elect는 목적보어 자리에 명사가 와서 목적어가 누구인지 또는 무엇인지를 말해주는 것으로 「주어 + 동사 + 목적어 + 목적보어 (명사)」 순으로 쓴다. 04 · 05 '알게 되다' find, '두다' leave는 목적보어 자리에 형용사가 와서 목적어의 상태나 성질을 보충 설명해주는 것으로 「주어 + 동사 + 목적어 + 목적보어 (형용사)」 순으로 쓴다.

Self-Study   p. 61

A 01 the robot Naomi　02 fresh　03 me
　　04 easy　　　　　　　05 makes

B 01 found, helpful　　02 elected, president
　　03 showed, made, them

C 01 This medicine kept me sleepy all day long.
　　02 His question made us nervous.
　　03 The company named the car Sonata.
　　04 Please don't call me Baby.

A 01 사람들은 그 로보트를 나오미라고 이름 지었다.
　　02 우리는 그 채소를 신선하게 유지해야 한다.
　　03 나의 부모님은 항상 나를 천사라고 부르신다.
　　04 나는 그 수학 시험이 쉽다고 생각했는데, 그것은 어려웠다.
　　05 그 노래는 모든 사람을 행복하게 만든다.

01 동사 named 뒤에 목적어 the robot이 오고, 그 다음에 목적보어 Naomi가 온다. 02 · 04 keep, think는 목적보어 자리에 형용사가 온다. 03 동사 call은 뒤에 「목적어 + 목적보어」 순으로 오는데 목적어 앞에 전치사가 오지 않는다. 05 happy는 목적어를 보충 설명해주는 목적보어로 뒤에 「목적어 + 목적보어」가 올 수 있는 동사 makes가 온다.

B 01 '알게 되었다'는 동사 found를 쓰고, 목적어 his advice를 보충 설명해주는 형용사 목적보어 helpful을 쓴다. 02 '선출했다'는 동사 elected를 쓰고, 목적보어 자리에 목적어 Abraham Lincoln이 누구인지를 말해주는 명사 '대통령' president를 쓴다. 03 첫 번째 문장은 동사 뒤에 두 개의 목적어가 오는 문장으로 '보여드렸다'는 동사 showed를 쓴다. 두 번째 문장은 목적어 뒤에 목적보어가 오는 문장으로 '만들었다'는 동사 made를 쓰고, 목적어 자리에는 대명사 they의 목적격 them을 쓴다.

C 01 · 02 '유지하다' keep, '만들다' make는 목적보어 자리에 형용사가 와서 목적어의 상태나 성질을 보충 설명해주는 것으로 「주어 + 동사 + 목적어 + 목적보어 (형용사)」 순으로 쓴다. 03 · 04 '이름 짓다' name, '부르다' call은 목적보어 자리에 명사가 와서 목적어가 누구인지 또는 무엇인지를 말해주는 것으로 「주어 + 동사 + 목적어 + 목적보어 (명사)」 순으로 쓴다.

Unit 08 사역동사, 지각동사

Grammar Practice I   p. 63

A 01 나의 아버지는 나에게 그 식물에 물을 주게 했다.
　　02 우리는 그들이 운동장에서 축구를 하는 것을 보았다.
　　03 그는 할아버지에게 연을 만들어달라고 부탁했다.
　　04 제가 여러분에게 저 자신을 소개하겠습니다.
　　05 나는 누군가가 내 이름을 부르는 소리를 들었다.

B 01 to become　02 know　　03 shout
　　04 to watch　　05 him　　　06 me
　　07 to do　　　　08 cut　　　09 listen to
　　10 follow　　　 11 play　　 12 to be

A 01 · 04 사역동사 make, let이 있는 문장들로 목적보어 자리에 동사원형이 와서 '~하게 하다, 시키다'로 해석된다. 02 · 05 지각동사 watch, hear이 있는 문장들로 목적보어 자리에 동사원형이 와서 '보다', '듣다'로 해석된다. 03 ask는 목적보어 자리에 to부정사가 오는 동사로 '부탁하다'로 해석된다.

B 01 그는 그의 아들이 의사가 되기를 원한다.
　　02 나에게 네 전화번호를 알려줘.
　　03 그의 부모님은 그가 크게 소리치는 것을 들었다.
　　04 나는 그들에게 TV를 보라고 말하지 않았다.
　　05 그들은 그가 거리를 걷는 것을 보았다.
　　06 그녀는 나에게 전등을 끄라고 시켰다.
　　07 나의 아버지는 우리에게 항상 최선을 다하라고 말씀하신다.
　　08 Brown 씨는 이발사에게 머리를 깎게 했다.
　　09 너는 지난밤에 그 개가 짖는 소리를 들었니?
　　10 나는 어둠 속에서 누군가가 나를 따라오는 것을 느꼈다.
　　11 우리는 몇 명의 아이들이 밖에서 노는 것을 보았다.
　　12 영어 선생님은 Jake에게 조용히 할 것을 요구했다.

「주어 + 동사 + 목적어 + 목적보어」로 구성된 문장들로 01 · 04 · 07 · 12 동사 want, tell, ask는 목적보어 자리에 to부정사가 오고 02 · 08 사역동사 let, have는 목적보어 자리에 동사원형이 오고 03 · 10 · 11 지각동사 hear, feel, watch는 목적보어 자리에 동사원형이 온다. 05 지각동사 saw 뒤의 목적어 자리에 대명사 he의 목적격 him이 온다. 06 사역동사 made 뒤의 목적어 자리에 대명사 I의 목적격 me가 온다. 09 목적보어 자리에 동사원형 bark가 오고 있으므로 지각동사 listen to가 온다.

Grammar Practice II   p. 64

A 01 sleep　　　　02 call　　　03 feel
　　04 whistle　　　05 him do　06 shake
　　07 him to play　08 laugh　 09 to make
　　10 to run　　　 11 wash

B 01 go　　　　　02 sing　　　　03 to open
　　04 to wait　　　05 cut　　　　 06 die
　　07 look at　　　08 fly　　　　 09 to visit
　　10 be　　　　　11 to listen to

A 01 나의 어머니는 내가 늦잠을 자는 것을 허용하지 않으신다.
   02 나는 그가 내 이름을 부르는 것을 듣지 못했다.
   03 이 책은 나를 졸리게 한다.
   04 너는 누군가가 휘파람을 부는 것을 들었니?
   05 그녀는 그에게 그의 숙제를 하게 했다.
   06 사람들은 그 건물이 흔들리는 것을 느꼈다.
   07 그들은 그가 컴퓨터 게임을 하는 것을 원하지 않는다.
   08 너는 그녀가 웃는 것을 본 적이 있니?
   09 너는 오늘 밤 그녀에게 저녁을 준비하도록 요청할 것이니?
   10 그 코치는 선수들에게 더 빨리 뛰라고 말했다.
   11 그는 그의 어머니가 설거지하는 것을 보았다.

01 · 03 사역동사 let, make는 목적보어 자리에 동사원형이 온다. 02 · 04 ·
06 · 08 · 11 지각동사 listen to, hear, feel, see, watch는 목적보어 자리에
동사원형이 온다. 05 사역동사 have 뒤에는 「목적어 (him) + 목적보어 (do)」
순으로 온다. 07 want는 목적보어 자리에 to부정사가 오는 동사로, 목적어
자리에는 대명사 he의 목적격 him이 오고, 목적보어 자리에는 to부정사
to play가 온다. 09 · 10 동사 ask, tell은 목적보어 자리에 to부정사가 온다.

B 01 나의 부모님은 내가 콘서트에 가는 것을 허락하지 않으실 것이다.
   02 너는 그녀가 노래하는 것을 들어본 적이 있니?
   03 그녀는 나에게 창문을 열어달라고 부탁했다.
   04 사람들에게 줄을 서서 기다리라고 말해주세요.
   05 나는 미용실에서 미용사에게 머리를 자르게 했다.
   06 이 화학약품들은 약간의 잔디를 죽게 할 것이다.
   07 James는 누군가가 그를 쳐다보는 것을 느꼈다.
   08 David는 그의 연이 하늘 높이 나는 것을 보았다.
   09 너는 내가 너의 집에 방문하기를 원하니?
   10 그녀는 그녀의 아이들이 사람들에게 예의 바르게 행동하도록 했다.
   11 Mary는 우리가 그녀의 말을 들어줄 것을 요청했다.

01 · 05 · 06 · 10 사역동사 let, have, make는 목적보어 자리에 동사원형을
쓴다. 02 · 07 · 08 지각동사 hear, feel, see는 목적보어 자리에 동사원형을
쓴다. 03 · 04 · 09 · 11 동사 ask, tell, want는 목적보어 자리에 to부정사를
쓴다.

Prep Writing (continued)

Prep Writing
p. 65

A 01 felt, pull   02 you, laugh
   03 asked, us, to bring   04 them, fight
   05 me, travel

B 01 They made him <u>tell</u> the truth.
   02 Did you hear her <u>play</u> the drum?
   03 Her father told her <u>to come</u> back early.
   04 I listened to someone <u>say</u> my nickname.
   05 She asked <u>them</u> to work hard.
   06 My parents let me <u>join</u> the club.

A 01 '느꼈다'는 동사 felt를 쓰고, felt는 지각동사이므로 목적보어 자리에
동사원형 pull을 쓴다. 02 사역동사 made 뒤의 목적어 자리에 대명사 you의
목적격 you를 쓰고, 목적보어 자리에 동사원형 laugh를 쓴다. 03 '부탁했다'는
동사 asked를 쓰고, 목적어 자리에 대명사 we의 목적격 us를 쓰고, 목적보어
자리에 to부정사 to bring을 쓴다. 04 지각동사 watched 뒤의 목적어 자리에
대명사 they의 목적격 them을 쓰고, 목적보어 자리에 동사원형 fight를 쓴다.
05 사역동사 let 뒤의 목적어 자리에 대명사 I의 목적격 me를 쓰고, 목적보어
자리에 동사원형 travel을 쓴다.

B 「주어 + 동사 + 목적어 + 목적보어」로 구성된 문장들로 01 · 06 사역동사
make, let은 목적보어 자리에 동사원형이 온다. 02 · 04 지각동사 hear,
listen to는 목적보어 자리에 동사원형이 온다. 03 동사 tell은 목적보어 자리에
to부정사가 온다. 05 목적어 자리에 대명사가 오는 경우 목적격으로 쓴다.

Sentence Writing
p. 66

A 01 We saw a child cry on the street.
   02 She had her husband do the laundry.
   03 My father told me to stay at home.
   04 He felt something crawl up his arm.

B 01 I won't let them use my computer.
   02 He made me close the door.
   03 We asked the taxi driver to drive carefully.
   04 Did you listen to her play the guitar?
   05 They want us to go hiking together.

A 01 · 04 saw, felt는 목적보어 자리에 동사원형이 오는 지각동사들로
「주어 + 지각동사 + 목적어 + 목적보어 (동사원형)」 순으로 쓴다. 02 had는
목적보어 자리에 동사원형이 오는 사역동사로 「주어 + 사역동사 + 목적어 +
목적보어 (동사원형)」 순으로 쓴다. 03 told는 목적보어 자리에 to부정사가
오는 동사로 「주어 + 동사 + 목적어 + 목적보어 (to부정사)」 순으로 쓴다.

B 01 · 02 '~하게 하다' let, make는 사역동사로 목적보어 자리에 동사원형이
오므로 「주어 + 사역동사 + 목적어 + 목적보어 (동사원형)」 순으로 쓴다. 목적어
자리에 대명사가 오는 경우 목적격으로 쓴다. 03 · 05 '부탁하다' ask, '원하다'
want는 목적보어 자리에 to부정사가 오는 동사로 「주어 + 동사 + 목적어 +
목적보어 (to부정사)」 순으로 쓴다. 04 listen to는 지각동사로 목적보어 자리에
동사원형이 오므로 「주어 + 지각동사 + 목적어 + 목적보어 (동사원형)」 순으로
쓴다.

Self-Study
p. 67

A 01 rise   02 made   03 us, to keep
   04 had   05 to be

B 01 asked, to lend   02 you, go   03 her, talk

C 01 Our teacher has us write a diary every day.
   02 My parents want me to be healthy.
   03 I saw a dolphin swim in the sea.
   04 Mr. Brown makes his students speak in English in class.

A 01 그들은 아침에 해가 뜨는 것을 보았다.
   02 Sue는 내가 그에게 편지를 보내게 했다.
   03 Jason은 우리가 그의 비밀을 지켜주기를 원했다.
   04 나의 부모님은 내가 일찍 잠자리에 들도록 했다.
   05 그녀가 수업 중에 학생들에게 조용히 하라고 말했니?

「주어 + 동사 + 목적어 + 목적보어」로 구성된 문장들로 01 지각동사 watch는
목적보어 자리에 동사원형이 온다. 02 목적보어 자리에 동사원형이 오고
있으므로 사역동사 made가 온다. 03 동사 want는 목적보어 자리에
to부정사가 오고, 목적어 자리에 대명사가 오는 경우 목적격으로 쓴다.
04 목적보어 자리에 동사원형이 오고 있으므로 사역동사 had가 온다.
05 동사 tell은 목적보어 자리에 to부정사가 온다.

B 01 '부탁했다'는 동사 asked를 쓰고, 목적보어 자리에 to부정사 to lend를
쓴다. 02 사역동사 let 뒤의 목적어 자리에 대명사 you의 목적격 you를 쓰고,
목적보어 자리에 동사원형 go를 쓴다. 03 지각동사 heard 뒤의 목적어 자리에
대명사 she의 목적격 her를 쓰고, 목적보어 자리에 동사원형 talk를 쓴다.

C 01 · 04 '~하게 하다' have, make는 사역동사로 목적보어 자리에 동사원형이
오므로 「주어 + 사역동사 + 목적어 + 목적보어 (동사원형)」 순으로 쓴다. 목적어
자리에 대명사가 오는 경우 목적격으로 쓴다. 02 '원하다' wants는 목적보어
자리에 to부정사가 오는 동사로 「주어 + 동사 + 목적어 + 목적보어 (to부정사)」
순으로 쓴다. 03 '보다' see는 지각동사로 목적보어 자리에 동사원형이 오므로
「주어 + 지각동사 + 목적어 + 목적보어 (동사원형)」 순으로 쓴다.

Actual Test

01 ① 02 ③ 03 ③ 04 ② 05 ① 06 ⑤ 07 ① 08 ①
09 ⑤ 10 ①, ④ 11 ⑤ 12 ② 13 ③
14 honest, elected, him 15 to tell, us, know
16 The news made us surprised.
17 Mike had me apologize to him.
18 open the windows 19 to move the desks
20 to erase the blackboard 21 help Dave
22 clean the floor 23 to go back home

01 우리는 항상 우리의 몸을 깨끗하게 유지해야 한다.
동사 keep은 목적보어 자리에 형용사가 와서 목적어의 상태나 성질을 보충 설명해준다.

02 나는 그녀에게 설거지를 하라고 요구했다.
목적보어 자리에 to부정사가 오고 있으므로 asked가 올 수 있다.

03 그의 부모님은 그를 행복하게/과학자로/책을 읽게/운동하게 만들었다.
make는 목적보어 자리에 형용사, 명사, 동사원형이 올 수 있지만 to부정사는 올 수 없다.

04 선생님은 James가 창문을 청소하는 것을 보았다/청소하게 했다/청소하게 했다/청소하는 것을 보았다.
목적보어 자리에 동사원형이 오고 있으므로 목적보어 자리에 to부정사가 오는 동사 wanted는 올 수 없다.

05 그는 나에게 그 일을 빨리 끝마치게 했다. 그것은 나를 화나게 했다.
사역동사 had는 목적보어 자리에 동사원형이 오고, made는 목적보어 자리에 형용사가 와서 목적어의 상태나 성질을 보충 설명해준다.

06 그들이 나무에 올라가지 못하도록 해라. 그들에게 나무 아래에서 놀라고 말해라.
사역동사 let은 목적보어 자리에 동사원형이 오고, tell은 목적보어 자리에 to부정사가 온다.

07 · 반려동물을 기르는 것은 우리의 삶을 더 좋게 만든다.
· 그는 그의 딸을 유명한 피겨스케이트 선수로 만들었다.
· 나의 어머니는 나에게 숙제를 하게 했다.
make는 목적보어 자리에 형용사, 명사, 동사원형이 올 수 있다.

08 ① 그녀의 노래는 나를 슬프게 만든다.
② 이 담요는 우리를 따뜻하게 해줄 것이다.
③ 그들은 그를 대통령으로 선출했다.
④ 나는 그의 태도가 이상하다고 생각했다.
⑤ 사람들은 그 강을 미시시피라고 이름 지었다.
① sadly → sad
made는 목적보어 자리에 부사가 아니라 형용사가 와서 목적어의 상태나 성질을 보충 설명해준다.

09 ① 그녀는 나에게 그 무거운 상자를 나르게 했다.
② 네 여동생은 내가 그녀를 돕기를 원했다.
③ 제게 당신의 이메일 주소를 알려주세요.
④ 나의 아버지는 나에게 항상 정직하라고 말씀하신다.
⑤ 우리는 그가 마술묘기를 하는 것을 보았다.
① to carry → carry ② help → to help ③ to know → know
④ be → to be

10 ① 나는 그가 라디오를 듣는 것을 들었다.
② 제발 저를 혼자 두지 마세요.
③ 그는 그의 딸을 어린 공주라고 불렀다.
④ 그녀는 나에게 TV를 켜라고 시켰다.
⑤ Julia는 나에게 그녀의 우산을 돌려달라고 요구했다.
① he → him ④ to turn → turn

11 ⑤ to go → go
사역동사 made는 목적보어 자리에 동사원형 go가 온다.

12 ② shouted → shout
지각동사 heard는 목적보어 자리에 동사원형 shout가 온다.

13 ③ she to take a walk → her take a walk
목적어 자리에 대명사가 오는 경우 목적격으로 쓰고, 지각동사 saw는 목적보어 자리에 동사원형이 온다.

14 동사 thought는 목적보어 자리에 형용사 honest가 와서 목적어를 보충 설명해준다. '선출했다'는 동사 elected를 쓰고, 뒤의 목적어 자리에는 대명사 he의 목적격 him을 쓴다.

15 동사 want는 목적보어 자리에 to부정사 to tell을 쓴다. 사역동사 Let 뒤의 목적어 자리에 대명사 we의 목적격 us를 쓰고, 목적보어 자리에 동사원형 know를 쓴다.

16 '만들다' make는 목적보어 자리에 형용사가 와서 목적어의 상태나 성질을 보충 설명해주는 것으로 「주어 + 동사 + 목적어 + 목적보어 (형용사)」 순으로 쓴다.

17 '~하게 하다' have는 사역동사로 목적보어 자리에 동사원형이 오므로 「주어 + 사역동사 + 목적어 + 목적보어 (동사원형)」 순으로 쓴다. 목적어 자리에 대명사가 오는 경우 목적격으로 쓴다.

18 Baker 씨는 Julia에게 창문을 열라고 시켰다.
사역동사 make는 목적보어 자리에 동사원형 open을 쓴다.

19 그는 Dave가 힘이 세기 때문에, 그가 책상들을 옮기기를 원했다.
동사 want는 목적보어 자리에 to부정사 to move를 쓴다.

20 그는 Kate에게 칠판을 지우라고 부탁했다.
동사 ask는 목적보어 자리에 to부정사 to erase를 쓴다.

21 그는 Eric이 Dave를 돕는 것을 보았다.
지각동사 see는 목적보어 자리에 동사원형 help를 쓴다.

22 그는 Tommy에게 바닥을 청소하라고 시켰다.
사역동사 have는 목적보어 자리에 동사원형 clean을 쓴다.

23 그는 Ann이 아프기 때문에, 그녀에게 집에 가라고 말했다.
동사 tell은 목적보어 자리에 to부정사 to go를 쓴다

Unit 09 능동태와 수동태의 의미와 형태

Grammar Practice I
p. 73

A 01 이 박물관은 많은 한국인에 의해 방문된다.
02 그 야채들은 나의 할머니에 의해 재배된다.
03 이 책은 헤밍웨이에 의해 쓰였다.
04 스마트폰은 많은 사람들에 의해 사용된다.
05 그 궁전은 100년 전에 그들에 의해 지어졌다.

B 01 are loved 02 love
03 is read 04 use
05 is spoken 06 invited
07 was invented 08 teaches
09 was moved, him 10 was painted
11 by my father 12 are picked

A 주어가 행위를 받거나 당하는 대상인 수동태 문장들로 '~가 ~받다(되다, 당하다)'로 해석한다.

B 01 그들은 그들의 부모님의 사랑을 받는다.
02 나의 부모님은 나를 사랑하신다.
03 해리포터는 많은 아이들에 의해 읽힌다.
04 우리는 매일 인터넷을 사용한다.
05 일본어는 일본에서 사용된다.
06 Jack은 나를 그의 파티에 초대했다.
07 한글은 세종대왕에 의해 발명되었다.
08 Brown 씨는 우리에게 영어를 가르친다.
09 그 바위는 그에 의해 옮겨졌다.
10 그 그림은 1937년 피카소에 의해 그려졌다.
11 이 피자는 나의 아버지에 의해 만들어졌다.
12 사과와 배는 가을에 수확된다.

01·03·05·07·10·12 주어가 행위를 받거나 당하는 대상인 수동태 문장으로 동사는 「be동사 + 과거분사」의 형태를 쓰는데, 이때 be동사는 주어의 인칭과 수에 맞춘다. 02·04·06·08 주어가 행동을 하는 주체이므로 능동태로 쓴다. 09 수동태 문장으로 동사는 「be동사 + 과거분사」의 형태로 쓰고, 행위자가 대명사인 경우 by 뒤에 목적격으로 쓴다. 11 수동태 문장으로 행위자 앞에는 전치사 by를 쓴다.

Grammar Practice II
p. 74

A 01 planted, was planted 02 was painted, painted
03 made, was made 04 was composed, composed
05 was read, read

B 01 The car is washed by him on the weekend.
02 *Romeo and Juliet* was written by Shakespeare.
03 The classroom is cleaned by us after school.
04 The flower vase was broken by me in the morning.
05 English and French are spoken by Canadians.
06 The light bulb was invented by Thomas Edison.

A 01 나의 아버지는 내가 다섯 살 때 그 나무를 심으셨다.
→ 그 나무는 내가 다섯 살 때 나의 아버지에 의해 심어졌다.
02 해바라기는 1888년에 반 고흐에 의해 그려졌다.
→ 반 고흐는 1888년에 해바라기를 그렸다.
03 우리는 어제 그 눈사람을 만들었다.
→ 그 눈사람은 어제 우리에 의해 만들어졌다.

04 그 음악은 베토벤에 의해 작곡되었다.
→ 베토벤은 그 음악을 작곡했다.
05 이 소설은 많은 사람들에 의해 읽혔다.
→ 많은 사람들은 이 소설을 읽었다.

주어가 행동을 하는 주체일 때는 능동태를 쓰고, 주어가 행위를 받거나 당하는 대상일 때는 수동태를 쓴다. 수동태의 동사는 「be동사 + 과거분사」의 형태인데, 과거 시제로 써야 하므로 주어가 3인칭 단수이거나 I일 때 be동사는 was, 그 외의 주어는 were를 쓴다. 01 My father는 행동을 하는 주체로 능동태 planted를 쓰고, The tree는 행위를 받는 대상으로 수동태 was planted를 쓴다. 02 Sunflowers는 행위를 받는 대상으로 수동태 was painted를 쓰고, Van Gogh는 행동을 하는 주체로 능동태 painted를 쓴다. 03 We는 행동을 하는 주체로 능동태 made를 쓰고, The snowman은 행위를 받는 대상으로 수동태 was made를 쓴다. 04 The music은 행위를 받는 대상으로 수동태 was composed를 쓰고, Beethoven은 행동을 하는 주체로 능동태 composed를 쓴다. 05 This novel은 행위를 받는 대상으로 수동태 was read를 쓰고, Many people은 행동을 하는 주체로 능동태 read를 쓴다.

B 01 그는 주말에 그 차를 세차한다.
→ 그 차는 주말에 그에 의해 세차 된다.
02 셰익스피어는 로미오와 줄리엣을 썼다.
→ 로미오와 줄리엣은 셰익스피어에 의해 쓰였다.
03 우리는 방과 후에 교실을 청소한다.
→ 교실은 방과 후에 우리에 의해 청소된다.
04 나는 아침에 그 꽃병을 깼다.
→ 그 꽃병은 아침에 나에 의해 깨졌다.
05 캐나다 사람들은 영어와 프랑스어를 사용한다.
→ 영어와 프랑스어는 캐나다 사람들에 의해 사용된다.
06 토머스 에디슨이 전구를 발명했다.
→ 전구는 토머스 에디슨에 의해 발명되었다.

능동태 문장을 수동태 문장으로 바꾸는 방법은 다음의 순서를 따른다. ① 능동태의 목적어를 수동태의 주어 자리에 놓는다. 능동태의 목적어가 대명사의 목적격일 때 주격으로 바꾼다. ② 능동태의 동사를 「be동사 + 과거분사」의 형태로 바꾼다. be동사는 주어의 인칭과 수에 맞추고, 시제는 능동태의 시제와 일치시킨다. ③ 능동태의 주어인 행위자를 「by + 행위자」로 바꿔 동사 뒤에 쓰는데, 능동태의 주어가 대명사일 때 목적격으로 바꾼다.

Prep Writing
p. 75

A 01 was sent, by 02 was solved, her
03 is remembered, by 04 broke, was fixed
05 know, is loved

B 01 Honey is made by bees.
02 We ordered Chinese food for lunch.
03 His song is sung by a lot of girls.
04 The trees were planted by them.
05 The newspaper is delivered by him every day.
06 The buildings were built by Koreans.

A 01 This email은 행위를 받는 대상으로 수동태 was sent를 쓰고, 행위자 앞에는 by를 쓴다. 02 The difficult question은 행위를 받는 대상으로 수동태 was solved를 쓰고, 행위자는 by 뒤에 목적격 her를 쓴다. 03 The accident는 행위를 받는 대상으로 수동태 is remembered를 쓰고, 행위자 앞에는 by를 쓴다. 04 Sam은 행동을 하는 주체로 능동태 broke를 쓰고, it은 행위를 받는 대상으로 수동태 was fixed를 쓴다. 05 I는 행동을 하는 주체로 능동태 know를 쓰고, The song은 행위를 받는 대상으로 수동태 is loved를 쓴다.

B 01 Honey는 행위를 받는 대상으로 수동태 is made를 쓴다. 02 We는 행동을 하는 주체로 능동태 ordered를 쓴다. 03 수동태의 동사는 「be동사 + 과거분사」의 형태로 sing의 과거분사는 sung이다. 04·05 수동태에서 행위자는 「by + 행위자」로 동사 뒤에 쓰는데, by 뒤에 대명사가 오는 경우 목적격으로 쓴다. 06 수동태 문장으로 주어가 복수(The buildings)이므로 be동사는 were를 쓴다.

Sentence Writing
p. 76

A
01 The robot was invented by them last year.
02 Four languages are spoken in Switzerland.
03 This website is visited by a lot of people.
04 I brush my teeth before I go to bed.

B
01 The foreigners are learning Korean now.
02 The thief was caught by the police.
03 The magazines are sold at the bookstore.
04 The baseball game was canceled yesterday.
05 The planet was discovered by a scientist.

A 01·02·03 주어가 행위를 받는 대상인 수동태 문장으로 「주어 + be동사 + 과거분사 + by + 행위자」 순으로 쓰는데 02는 행위자가 일반적인 사람으로 「by + 행위자」가 생략되어 있다. 04 주어가 행동을 하는 주체인 능동태 문장으로 「주어 + 동사 + 목적어」 순으로 쓴다.

B 01 주어가 행동을 하는 주체인 능동태 문장으로 「주어 + 동사 + 목적어」 순으로 쓰는데, 현재진행형 시제로 동사는 「be동사 + 동사원형-ing」 형태로 쓴다. 02·03·04·05 '~가 ~받다(되다, 당하다)'로 해석되는 수동태 문장들로 「주어 + be동사 + 과거분사 + by + 행위자」 순으로 쓰는데, 행위자가 일반적인 사람이거나 알 수 없는 경우 「by + 행위자」를 생략한다. catch, sell의 과거분사형은 caught, sold이다.

Self-Study
p. 77

A
01 is cooked   02 were solved   03 her
04 was written   05 are served

B
01 are sent, by   02 was used, her
03 invented, is used

C
01 Many elephants were killed by hunters.
02 A lot of cars are produced in Korea.
03 Her earrings were found under the sofa.
04 The poor people are helped by the government.

A 01 주말에 아침 식사는 나의 아버지에 의해 요리된다.
02 그 퍼즐들은 한 영리한 소년에 의해 풀렸다.
03 그 교복은 그녀에 의해서 디자인되었다.
04 이 크리스마스 카드는 내 친구에 의해 쓰였다.
05 그 식당에서는 약간의 쿠키가 후식으로 제공된다.

01·02·04·05 주어가 행위를 받거나 당하는 대상인 수동태 문장으로 동사는 「be동사 + 과거분사」의 형태를 쓰는데, 이때 be동사는 주어의 인칭과 수에 맞춘다. 03 수동태 문장으로 행위자는 by 뒤에 목적격으로 쓴다.

B 01 These free samples는 행위를 받는 대상으로 수동태 are sent를 쓰고, 행위자 앞에는 by를 쓴다. 02 My computer는 행위를 받는 대상으로 수동태 was used를 쓰고, 행위자는 by 뒤에 목적격 her를 쓴다. 03 King Sejong은 행동을 하는 주체로 능동태 invented를 쓰고, Hangeul은 행위를 받는 대상으로 수동태 is used를 쓴다.

C 01·02·03·04 '~가 ~받다(되다, 당하다)'로 해석되는 수동태 문장들로 「주어 + be동사 + 과거분사 + by + 행위자」 순으로 쓰는데, 행위자가 일반적인 사람이거나 중요하지 않을 때 「by + 행위자」를 생략한다. find의 과거분사형은 found이다.

Unit 10 수동태의 시제

Grammar Practice I
p. 79

A
01 인터넷은 많은 사람들에 의해 사용되나요?
02 그 프로젝트는 다음 주에 우리에 의해 완료될 것이다.
03 햄릿은 셰익스피어에 의해 쓰였나요?
04 그 창문은 내 남동생에 의해 깨지지 않았다.
05 시골에는 밤에 많은 별들이 보인다.

B
01 was invented   02 is washed
03 be   04 are grown
05 Were   06 were
07 sung   08 are
09 visit   10 wasn't painted
11 will be delivered   12 Was, was

A 01 수동태의 현재 시제 의문문으로 '~가 ~되나요?'라고 해석된다. 02 수동태의 미래 시제로 '~가 ~될 것이다'로 해석된다. 03 수동태 과거 시제의 의문문으로 '~가 ~되었나요?'라고 해석된다. 04 수동태 과거 시제의 부정문으로 '~가 ~되지 않았다'로 해석된다. 05 수동태의 현재 시제로 '~가 ~되다'로 해석된다.

B 01 전화기는 벨에 의해 발명되었다.
02 그 차는 매일 그에 의해 세차 된다.
03 그 자전거는 David에 의해 곧 수리될 것이다.
04 그 나무들은 그녀에 의해 키워진다.
05 그 가방들은 그 학생에 의해 만들어졌니?
06 그 물고기들은 어제 고양이에 의해 먹혔다.
07 크리스마스 캐럴은 크리스마스에 불리니?
08 그 책들은 많은 사람들에 의해 읽히지 않는다.
09 우리는 뉴욕에 있는 그를 방문할 것이다.
10 그 그림은 피카소에 의해 그려지지 않았다.
11 그의 선물은 내일 배달될 것이다.
12 네 자동차 열쇠가 발견되었니? 응, 그랬어.

01·06 수동태의 과거 시제로 주어가 3인칭 단수일 때 be동사는 was, 복수일 때 were를 쓴다. 02·04 수동태의 현재 시제로 주어가 3인칭 단수일 때 be동사는 is, 복수일 때 are를 쓴다. 03·11 수동태의 미래 시제로 be동사의 원형 be 앞에 will을 쓰고, be 뒤에는 과거분사가 온다. 05·12 수동태 과거 시제의 의문문으로 주어가 3인칭 복수일 때는 Were가 주어 앞에 오고, 3인칭 단수일 때는 Was가 주어 앞에 온다. Was로 물었을 때 긍정의 대답은 Yes 뒤에 「주어 + was」가 온다. 07 수동태 현재 시제의 의문문으로 주어가 3인칭 단수일 때 Is가 주어 앞에 오고, 주어 뒤에는 과거분사가 온다. 08 수동태 현재 시제의 부정문으로 주어가 복수일 때 be동사 are와 과거분사 사이에 not이 온다. 09 주어가 행동을 하는 주체인 능동태의 미래 시제로 will 뒤에 동사원형 visit가 온다. 10 수동태 과거 시제의 부정문으로 주어가 3인칭 단수일 때 was와 과거분사 painted 사이에 not을 써서 wasn't painted를 쓴다.

Grammar Practice II
p. 80

A
01 waters, are watered
02 will watch, will be watched
03 invented, was invented
04 will write, will be written
05 canceled, was canceled

B
01 Our skin is burned by the sunlight.
02 We were invited by Mark to his birthday party.
03 The promise will be kept by Mr. Smith.
04 The mysteries were solved by him.
05 French and English are not spoken by them.

A 01 나의 할머니는 매일 그 꽃들에게 물을 주신다.
   → 그 꽃들은 매일 나의 할머니에 의해 물이 주어진다.
   02 우리는 다음 주에 그 영화를 볼 것이다.
   → 그 영화는 다음 주에 우리에 의해 보여질 것이다.
   03 라이트 형제는 비행기를 발명했다.
   → 비행기는 라이트 형제에 의해 발명되었다.
   04 그녀는 5년 후에 소설 한 편을 쓸 것이다.
   → 소설 한 편이 5년 후에 그녀에 의해 쓰여질 것이다.
   05 그들은 어제 그 축제를 취소했다.
   → 그 축제는 어제 그들에 의해 취소되었다.

주어가 행동을 하는 주체일 때는 능동태를 쓰고, 주어가 행위를 받거나 당하는 대상일 때는 수동태를 쓰는데, 수동태의 현재 시제는 「am/are/is + 과거분사」, 수동태의 과거 시제는 「was/were + 과거분사」, 수동태의 미래 시제는 「will be + 과거분사」의 형태이다. **01** 현재·시제로 My grandmother는 행동을 하는 주체로 능동태 waters를 쓰고, The flowers는 행위를 받는 대상으로 수동태 are watered를 쓴다. **02·04** 미래 시제로 We와 She는 행동을 하는 주체로 능동태 will watch, will write를 쓰고, The movie, A novel은 행위를 받는 대상으로 수동태 will be watched, will be written을 쓴다. **03·05** 과거 시제로 The Wright brothers, They는 행동을 하는 주체로 능동태 invented, canceled를 쓰고, The airplane, The festival은 행위를 받는 대상으로 수동태 was invented, was canceled를 쓴다.

B 보기 우리 선생님은 David와 Mike에게 벌을 주셨다.
   → David와 Mike는 우리 선생님에 의해 벌을 받았다.
   01 햇빛은 우리의 피부를 태운다.
   → 우리의 피부는 햇빛에 의해 탄다.
   02 Mark는 우리를 그의 생일 파티에 초대했다.
   → 우리는 Mark에 의해 그의 생일 파티에 초대받았다.
   03 Smith 씨는 그 약속을 지킬 것이다.
   → 그 약속은 Smith 씨에 의해 지켜질 것이다.
   04 그는 그 수수께끼들을 풀었다.
   → 그 수수께끼들은 그에 의해 풀렸다.
   05 그들은 불어와 영어를 사용하지 않는다.
   → 불어와 영어는 그들에 의해 사용되지 않는다.

능동태 문장을 수동태 문장으로 바꾸는 방법은 능동태의 목적어를 수동태의 주어 자리에 놓고, 능동태의 동사는 「be동사 + 과거분사」의 형태로 바꾸고, 능동태의 주어는 「by + 행위자」로 바꿔 동사 뒤에 쓴다. 이때 「be동사 + 과거분사」의 형태인 수동태의 현재, 과거, 미래 시제는 be동사로 표현하는데, 능동태의 시제와 일치시킨다.

Prep Writing   p. 81

A 01 is, not, written   02 were, not, broken
   03 will, be, seen   04 is, saved
   05 Were, drawn (= painted), weren't

B 01 English is <u>spoken</u> in many countries.
   02 The news will <u>be</u> reported to the world.
   03 Rome <u>wasn't built</u> in a day.
   04 Were the tickets <u>bought</u> by your friend?
   05 The Olympic Games <u>were held</u> in Seoul in 1988.
   06 <u>Are</u> paper and plastic recycled by people?

A **01** 주어가 3인칭 단수인 수동태 현재 시제의 부정문으로 be동사는 is를 쓰고, is와 과거분사 written 사이에 not을 쓴다. **02** 주어가 복수인 수동태 과거 시제의 부정문으로 be동사는 were를 쓰고, were와 과거분사 broken 사이에 not을 쓴다. **03** 수동태의 미래 시제로 be동사의 원형 be 앞에 will을 쓰고, be 뒤에 과거분사 seen을 쓴다. **04** 주어가 3인칭 단수인 수동태의 현재 시제로 be동사는 is를 쓰고, 뒤에 과거분사 saved를 쓴다. **05** 주어가 복수인 과거 시제의 의문문으로 Were가 주어 앞에 오고, 주어 뒤에 과거분사 drawn (= painted)을 쓴다. Were로 물었을 때 부정의 대답은 No 뒤에 「주어 + weren't」가 온다.

B **01** 수동태의 현재 시제로 is 뒤에 과거분사 spoken을 쓴다. **02** 수동태의 미래 시제로 will 뒤에 be동사의 원형 be를 쓴다. **03** 주어가 3인칭 단수인 수동태 과거 시제의 부정문으로 was와 과거분사 built 사이에 not을 써서 wasn't built를 쓴다. **04** 주어가 복수인 수동태 과거 시제의 의문문으로 Were가 주어 앞에 오고, 주어 뒤에 과거분사 bought를 쓴다. **05** 주어가 복수인 수동태의 과거 시제로 were 뒤에 과거분사 held를 쓴다. **06** 주어가 복수인 수동태 현재 시제의 의문문으로 Are를 주어 앞에 쓴다.

Sentence Writing   p.82

A 01 Sandwiches will be served for lunch tomorrow.
   02 Was the cheesecake baked by her?
   03 The music was not composed by Mozart.
   04 The traffic rules are not followed by drivers.

B 01 The president is respected by people.
   02 My nephew will be born next month.
   03 America was discovered by Columbus in 1492.
   04 The buildings were built by Gaudi.
   05 The gallery is not closed at 6 on the weekend.

A **01** 수동태의 미래 시제로 「주어 + will be + 과거분사」 순으로 쓴다. **02** 수동태 과거 시제의 의문문으로 Was가 주어 앞에 오고, 주어 뒤에 과거분사를 쓴다. **03** 주어가 3인칭 단수인 수동태 과거 시제의 부정문으로 「주어 + was + not + 과거분사」 순으로 쓴다. **04** 주어가 복수인 수동태 현재 시제의 부정문으로 「주어 + are + not + 과거분사」 순으로 쓴다.

B **01** 주어가 3인칭 단수인 수동태의 현재 시제로 「주어 + is + 과거분사」 순으로 쓴다. **02** 수동태의 미래 시제로 「주어 + will be + 과거분사」 순으로 쓴다. **03** 주어가 3인칭 단수인 수동태의 과거 시제로 「주어 + was + 과거분사」 순으로 쓴다. **04** 주어가 복수인 수동태의 과거 시제로 「주어 + were + 과거분사」 순으로 쓴다. **05** 주어가 3인칭 단수인 수동태 현재 시제의 부정문으로 「주어 + is + not + 과거분사」 순으로 쓴다.

Self-Study   p. 83

A 01 are sold   02 will be repaired
   03 wasn't   04 be
   05 served

B 01 was, not, delivered   02 Were, caught
   03 will, be, canceled

C 01 The Olympic Games are held every four years.
   02 The gloves were knitted by my grandmother.
   03 These books will be sent to poor children.
   04 The fence was not painted by my father.

A 01 그 콘서트 티켓은 온라인으로 판매된다.
   02 네 자전거는 내일까지 수리될 것이다.
   03 그 컴퓨터는 내 남동생에 의해 구매되지 않았다.
   04 그 새로운 선생님은 우리에 의해 환영받을 것이다.
   05 그 호텔에서는 아침 식사가 제공되었나요?

01 수동태의 현재 시제로 주어가 복수일 때 be동사는 are를 쓴다. **02** 수동태의 미래 시제로 be동사의 원형 be 앞에 will을 쓰고, be 뒤에는 과거분사가 온다. **03** 수동태 과거 시제의 부정문으로 주어가 3인칭 단수일 때 be동사는 was를 쓰고, 뒤에 not을 써서 wasn't를 쓴다. **04** 수동태의 미래 시제로 will 다음에는 be동사의 원형 be가 온다. **05** 수동태의 과거 시제로 주어가 3인칭 단수일 때 Was가 주어 앞에 오고, 주어 뒤에는 과거분사가 온다.

B **01** 주어가 3인칭 단수인 수동태 과거 시제의 부정문으로 be동사는 was를 쓰고, was와 과거분사 delivered 사이에 not을 쓴다. **02** 주어가 복수인 수동태 과거 시제의 의문문으로 Were를 주어 앞에 쓰고, 주어 뒤에 과거분사 caught를 쓴다. **03** 수동태의 미래 시제로 be동사의 원형 be 앞에 will을 쓰고, be 뒤에 과거분사 canceled를 쓴다.

C 01 주어가 복수인 수동태의 현재 시제로 「주어 + are + 과거분사」 순으로 쓴다.
02 주어가 복수인 수동태의 과거 시제로 「주어 + were + 과거분사」 순으로 쓴다. 03 수동태의 미래 시제로 「주어 + will be + 과거분사」 순으로 쓴다.
04 주어가 3인칭 단수인 수동태 과거 시제의 부정문으로 「주어 + was + not + 과거분사」 순으로 쓴다.

Actual Test
pp. 84 – 86

01 ① 02 ④ 03 ③ 04 ② 05 ④ 06 ① 07 ⑤ 08 ③
09 ③,⑤ 10 ⑤ 11 ② 12 ④ 13 ④
14 will, be, saved 15 Were, taken, took
16 The music festival is held once a year.
17 His money was not stolen yesterday.
18 were brought, was written 19 was sent, were read
20 will be done, will be carried

01 프랑스어는 캐나다에서 사용된다.
주어가 행위를 받거나 당하는 대상인 수동태 문장으로 be동사 is 뒤에 과거분사 spoken이 온다.

02 그 컴퓨터는 내 삼촌에 의해 수리될 것이다.
수동태 문장에서 행위자 앞에는 전치사 by가 온다.

03 그의 안경은 그/그의 아들/나/Mike에 의해 깨지지 않았다.
수동태 문장에서 행위자는 「by + 행위자」로 동사 뒤에 쓰는데, by 뒤에 대명사가 오는 경우 목적격으로 써야 하므로 she는 올 수 없다.

04 그 잡지는 Smith 씨에 의해 읽혔니/가져와 졌니/구매되었니/빌려졌니?
주어가 3인칭 단수인 수동태 과거 시제의 의문문으로 Was가 주어 앞에 오고, 주어 뒤에 과거분사가 온다.

05 프로스트가 그 시를 썼다. = 그 시는 프로스트에 의해 쓰였다.
주어가 행동을 하는 주체일 때는 능동태를 쓰고, 주어가 행위를 받거나 당하는 대상일 때는 수동태를 쓰는데, Frost는 행동을 하는 주체로 능동태 wrote를 쓰고, The poem은 행위를 받는 대상으로 수동태 was written을 쓴다.

06 A: 누가 이 집을 지었니?
B: 그것은 1997년에 나의 할아버지에 의해 지어졌어.
과거의 일을 말하는 과거 시제로 질문에서 주어 Who는 행동을 하는 주체로 능동태 built를 쓰고, 대답에서 집을 가리키는 대명사 It은 행위를 받는 대상으로 수동태 was built을 쓴다.

07 · 그들은 어제 그 파티에 초대되지 않았다.
· 인터넷은 많은 사람들에 의해 사용되니?
· 너는 네 부모님에게 칭찬을 받을 것이다.
첫 번째 문장은 주어가 복수인 수동태 과거 시제의 부정문으로 not 앞에 be동사 were가 오고, 두 번째 문장은 주어가 3인칭 단수인 수동태 현재 시제의 의문문으로 be동사 Is가 주어 앞에 오고, 세 번째 문장은 수동태의 미래 시제로 will 뒤에 be동사의 원형 be가 온다.

08 ① 휴대전화는 많은 사람들에 의해 사용된다.
② 내 자전거는 지난밤에 도난당하지 않았다.
③ 그녀의 이야기는 십대들의 사랑을 받을 것이다.
④ 얼음은 열에 의해 녹는다.
⑤ 그 그림들은 피카소에 의해 그려졌다.
③ will love → will be loved
수동태의 미래 시제로 will 뒤에 be동사의 원형 be가 오고, 그 뒤에 과거분사가 온다.

09 ① 그의 이름은 영원히 기억될 것이다.
② 너는 James에 의해 초대받았니?
③ 그 교회는 30년 전에 지어졌다.
④ 그 도로는 사람들에 의해 사용되지 않는다.
⑤ 그 노래는 많은 아이들에 의해 불리다
③ built → was built ⑤ are sung → is sung

10 ① 그녀는 그 빨간색 드레스를 선택했다.
→ 그 빨간색 드레스는 그녀에 의해 선택되었다.
② 그들은 모형 비행기 하나를 만들 것이다.
→ 모형 비행기 하나가 그들에 의해 만들어질 것이다.
③ 그는 그 상자를 열지 않았다. → 그 상자는 그에 의해 열리지 않았다.
④ 모든 사람이 그 시를 읽는다. → 그 시는 모든 사람에 의해 읽힌다.
⑤ 나는 곧 그 편지를 보낼 것이다. → 그 편지는 나에 의해 곧 보내질 것이다.
① by she → by her ② will made → will be made ③ didn't be open → wasn't opened ④ was read → is read

11 ② was made → made
주어 Who가 행동을 하는 주체로 능동태 made를 쓴다.

12 ④ punish → punished
수동태 문장으로 be동사 was 뒤에 과거분사 punished가 온다.

13 ④ were invited to the party by him → invited him to the party
주어 We가 행동을 하는 주체인 능동태 문장으로 「주어 + 동사 + 목적어」 순으로 쓴다.

14 수동태의 미래 시제로 be동사의 원형 be 앞에 will을 쓰고, be 뒤에 과거분사 saved를 쓴다.

15 질문은 주어 the pictures가 행위를 받는 대상인 수동태 과거 시제의 의문문으로 Were가 주어 앞에 오고, 주어 뒤에 과거분사 taken을 쓴다. No 이후의 문장은 주어 I가 행동을 하는 주체로 능동태 took을 쓴다.

16 주어가 3인칭 단수인 수동태의 현재 시제로 be동사는 is를 쓰고, 뒤에 과거분사 held를 쓴다.

17 주어가 3인칭 단수인 수동태 과거 시제의 부정문으로 be동사는 was를 쓰고, was와 과거분사 stolen 사이에 not을 쓴다.

18 내가 아파서 누워있을 때, 내 친구들이 나를 방문했다.
지난 주말에는 Tommy가 약간의 꽃을 가져왔고, Dave는 카드를 써 주었다.
수동태의 과거 시제로 주어가 복수 some flowers일 때 be동사 were를 쓰고, 뒤에 과거분사 brought가 오고, 주어가 3인칭 단수 a card일 때 be동사 was를 쓰고, 뒤에 과거분사 written이 온다.

19 어제는 Bill이 이메일을 보내주었고, Eric은 몇 권의 책을 읽어주었다.
수동태의 과거 시제로 주어가 3인칭 단수 an email일 때 be동사 was를 쓰고, 뒤에 과거분사 sent가 오고, 주어가 복수 some books일 때 be동사 were를 쓰고, 뒤에 과거분사 read가 온다.

20 내가 병이 나은 후에 Amy는 내 숙제를 해 줄 것이고, James는 내 가방을 들어다 줄 것이다. 나는 내 모든 친구들에게 감사한다.
수동태의 미래 시제로 will 뒤에 be동사의 원형 be를 쓰고, 뒤에 과거분사 done, carried를 쓴다.

Chapter 06 관계대명사

Unit 11 주격 관계대명사

Grammar Practice I
p. 89

A
01 who, 운동장에서 놀고 있는 그 아이들을 보아라.
02 which, 우리는 연못에 있는 몇 마리의 개구리를 보았다.
03 that, 이것은 나를 울게 만드는 슬픈 영화다.
04 which, 탁자 위에 있는 그 꽃병은 매우 비싸다.
05 who, 너는 Kate 뒤에 서 있는 그 여자를 아니?

B
01 who	02 which	03 that	04 who
05 which	06 who	07 that	08 that
09 makes	10 are	11 a boy	12 the picture

A 01 · 05 선행사가 사람으로 주격 관계대명사 who가 사용되었고 02 · 04 선행사가 사물이나 동물로 주격 관계대명사 which가 사용되었고 03 선행사가 사물로 주격 관계대명사 that이 사용되었다. 관계대명사가 이끄는 절은 앞에 나온 선행사를 꾸며주어 선행사를 더 구체적으로 설명해준다.

B 01 그는 창문을 깬 소년에게 벌을 주었다.
02 수학은 매우 어려운 과목이다.
03 Jessica는 갈색 눈을 가진 그녀의 강아지를 잃어버렸다.
04 안경을 쓰고 있는 그 숙녀분은 나의 이모다.
05 앵무새는 말을 할 수 있는 새다.
06 사람들은 예쁜 그 가수를 좋아한다.
07 큰 창문들이 있는 그 건물은 도서관이다.
08 Smith 씨는 학교에 지각하지 않는 학생들을 좋아한다.
09 나는 졸리게 하는 음악을 좋아하지 않는다.
10 너는 뜰에 있는 식물들에 물을 주었니?
11 그들은 장화를 신고 있는 한 소년을 보았다.
12 그녀는 벽에 있는 그 그림을 기억한다.

01 · 04 · 06 선행사가 사람일 때 주격 관계대명사 who를 쓴다. 02 · 05 선행사가 사물이나 동물일 때 주격 관계대명사 which를 쓴다. 03 · 07 · 08 선행사가 사람이나 사물, 동물일 때 that을 who나 which 대신 쓸 수 있다. 09 · 10 주격 관계대명사 뒤에 오는 동사는 선행사의 인칭과 수에 일치시키는데, 주어가 단수(music)일 때 단수동사 makes를 쓰고, 주어가 복수(the plants)일 때 복수동사 are를 쓴다. 11 주격 관계대명사 who 앞에는 사람인 선행사가 오고 12 주격 관계대명사 which 앞에는 사물이나 동물인 선행사가 온다.

Grammar Practice II
p. 90

A
01 who (= that), tells
02 which (= that), was
03 who (= that), speaks
04 which (= that), were
05 who (= that), live

B
01 He has a digital camera which (= that) looks very expensive.
02 We know the man who (= that) works at the bank.
03 There is a cat which (= that) is sleeping on the sofa.
04 Children like the books which (= that) have a lot of pictures.
05 My father is a teacher who (= that) teaches science at school.

A 01 사람들은 그 소녀를 좋아하지 않는다. 그녀는 종종 거짓말을 한다.
→ 사람들은 종종 거짓말을 하는 그 소녀를 좋아하지 않는다.
02 우리는 그 뉴스를 들었다. 그것은 놀라웠다.
→ 우리는 그 놀라운 뉴스를 들었다.

03 그 남자는 잘생겼다. 그는 영어를 잘한다.
→ 영어를 잘하는 그 남자는 잘생겼다.
04 몇 통의 편지가 상자 안에 있었다. 그것들은 나의 어머니가 쓰셨다.
→ 나의 어머니가 쓴 몇 통의 편지가 상자 안에 있었다.
05 그는 조부모님을 방문할 것이다. 그들은 뉴욕에 사신다.
→ 그는 뉴욕에 사시는 그의 조부모님을 방문할 것이다.

01 · 03 · 05 선행사가 사람이고, 관계대명사가 관계대명사 절에서 주어 역할을 하므로 주격 관계대명사 who나 that을 쓰고, 주격 관계대명사 뒤에 오는 동사는 선행사의 인칭과 수에 일치시킨다. 02 · 04 선행사가 사물이고, 관계대명사가 관계대명사 절에서 주어 역할을 하므로 주격 관계대명사 which나 that을 쓰고, 주격 관계대명사 뒤에 오는 동사는 선행사의 인칭과 수에 일치시킨다.

B 보기 Mary는 두 명의 친구가 있다. 그들은 춤을 잘 춘다.
→ Mary는 춤을 잘 추는 두 명의 친구가 있다.
01 그는 디지털 카메라를 가지고 있다. 그것은 매우 비싸 보인다.
→ 그는 매우 비싸 보이는 디지털 카메라를 가지고 있다.
02 우리는 그 남자를 안다. 그는 은행에서 일한다.
→ 우리는 은행에서 일하는 그 남자를 안다.
03 고양이 한 마리가 있다. 그것은 소파에서 잠을 자고 있다.
→ 소파에서 잠을 자고 있는 고양이 한 마리가 있다.
04 아이들은 그 책들을 좋아한다. 그것들은 그림이 많다.
→ 아이들은 그림이 많은 그 책들을 좋아한다.
05 나의 아버지는 선생님이시다. 그는 학교에서 과학을 가르치신다.
→ 나의 아버지는 학교에서 과학을 가르치는 선생님이시다.

01 · 03 · 04 선행사가 사물이나 동물이고, 관계대명사가 관계대명사 절에서 주어 역할을 하므로 주격 관계대명사 which나 that을 사용한다. 주격 관계대명사를 사용하여 두 문장을 연결할 때 주격 관계대명사 뒤에 바로 동사를 쓰고, 동사는 선행사의 인칭과 수에 일치시킨다. 02 · 05 선행사가 사람이고, 관계대명사가 관계대명사 절에서 주어 역할을 하므로 주격 관계대명사 who나 that을 사용한다.

Prep Writing
p. 91

A
01 which (= that), grow
02 who (= that), breaks
03 which (= that), helps
04 who (= that), is
05 which (= that), were

B
01 Ford is a company which (= that) makes cars.
02 He is a doctor who (= that) helps sick people.
03 She has a bird which (= that) can talk.
04 Wear the trousers which are on the sofa.
05 The girls who are dancing are my friends.

A 01 · 05 선행사가 사물이고, 관계대명사가 관계대명사 절에서 주어 역할을 하므로 주격 관계대명사 which나 that을 쓰고, 선행사가 복수(the trees, my scissors)이므로 복수동사 grow, were를 쓴다. 02 · 04 선행사가 사람이고, 관계대명사가 관계대명사 절에서 주어 역할을 하므로 주격 관계대명사 who나 that을 쓰고, 선행사가 단수(a person, her brother)이므로 단수동사 breaks, is를 쓴다. 03 선행사가 동물이고, 관계대명사가 관계대명사 절에서 주어 역할을 하므로 주격 관계대명사 which나 that을 쓰고, 선행사가 단수(a dog)이므로 단수동사 helps를 쓴다.

B 01 선행사가 사물이고, 관계대명사가 관계대명사 절에서 주어 역할을 하므로 주격 관계대명사 which나 that을 쓴다. 02 선행사가 사람이고, 관계대명사가 관계대명사 절에서 주어 역할을 하므로 주격 관계대명사 who나 that을 쓰고, 선행사가 단수(a doctor)이므로 단수동사 helps를 쓴다. 03 관계대명사 which가 접속사와 a bird를 가리키는 관계대명사 절의 주어(it) 역할을 하므로 it을 삭제한다. 04 선행사가 복수(the trousers)이므로 주격 관계대명사 which 뒤의 동사는 복수동사 are를 쓴다. 05 관계대명사 who가 접속사와 The girls를 가리키는 관계대명사 절의 주어(they) 역할을 하므로 they를 삭제한다.

하므로 주격 관계대명사 who나 that을 쓰고, 주격 관계대명사 뒤의 동사는
선행사가 복수(the people, The students)이므로 복수동사 feed, want를
쓴다.

Sentence Writing p. 92

A
01 There are some children who are playing baseball.
02 I saw your boots which were in the box.
03 A snake is an animal that sleeps during the winter.
04 He helps poor people who don't have houses.

B
01 A bee is an insect which (= that) makes honey.
02 This is the boy who (= that) won first prize.
03 We like his ideas which (= that) are new and creative.
04 A teacher is a person who (= that) teaches students.
05 I read two books which (= that) were written by Shakespeare.

A 01 · 04 선행사가 사람이고, 관계대명사가 관계대명사 절에서 주어 역할을 하는 것으로 선행사 뒤에 주격 관계대명사 who를 쓰고, 뒤에 바로 동사를 쓴다. 02 선행사가 사물이고, 관계대명사가 관계대명사 절에서 주어 역할을 하는 것으로 선행사 뒤에 주격 관계대명사 which를 쓰고, 뒤에 바로 동사를 쓴다. 03 선행사가 동물이고, 관계대명사가 관계대명사 절에서 주어 역할을 하는 것으로 선행사 뒤에 주격 관계대명사 that을 쓰고, 뒤에 바로 동사를 쓴다.

B 01 · 03 · 05 선행사가 동물이나 사물이고, 관계대명사가 관계대명사 절에서 주어 역할을 하는 것으로 주격 관계대명사 which나 that을 쓰고, 주격 관계대명사 뒤의 동사는 선행사가 단수(an insect)일 때 단수동사 makes, 복수(his ideas, two books)일 때 복수동사 are, were를 쓴다. 02 · 04 선행사가 사람이고, 관계대명사가 관계대명사 절에서 주어 역할을 하는 것으로 주격 관계대명사 who나 that을 쓴다. 주격 관계대명사 뒤의 동사는 선행사가 단수(a person)이므로 단수동사 teaches를 쓴다.

Self-Study p. 93

A
01 which   02 who   03 which
04 are   05 the monkeys

B
01 which (= that), make   02 which (= that), was
03 who (= that), are

C
01 A kangaroo is an animal which (= that) lives in Australia.
02 The thief has a bag which (= that) is full of money.
03 Do you know the people who (= that) feed the cats?
04 The students who (= that) want to be doctors should study hard.

A 01 장미는 가시가 있는 꽃이다.
02 나는 항상 바쁜 한 친구를 종종 돕는다.
03 너는 지난밤에 발생한 사고를 보았니?
04 바구니 안에 있는 사과들은 맛있어 보인다.
05 바나나를 먹고 있는 원숭이들을 보아라.

01 · 03 선행사가 사물일 때 주격 관계대명사 which를 쓴다. 02 선행사가 사람일 때 주격 관계대명사 who를 쓴다. 04 주격 관계대명사 뒤에 오는 동사는 선행사의 인칭과 수에 일치시키는데, 주어가 복수(The apples)이므로 복수동사 are를 쓴다. 05 관계대명사 which 앞에는 사물이나 동물인 선행사가 온다.

B 01 · 02 선행사가 사물이고, 관계대명사가 관계대명사 절에서 주어 역할을 하므로 주격 관계대명사 which나 that을 쓰고, 선행사가 복수(songs)일 때 복수동사 make를 쓰고, 선행사가 단수(The bridge)일 때 단수동사 was를 쓴다. 03 선행사가 사람이고, 관계대명사가 관계대명사 절에서 주어 역할을 하므로 주격 관계대명사 who나 that을 쓰고, 선행사가 복수(The boys)이므로 복수동사 are를 쓴다.

C 01 · 02 선행사가 동물이나 사물이고, 관계대명사가 관계대명사 절에서 주어 역할을 하므로 주격 관계대명사 which나 that을 쓰고, 주격 관계대명사 뒤의 동사는 선행사가 단수(an animal, a bag)이므로 단수동사 lives, is를 쓴다. 03 · 04 선행사가 사람이고, 관계대명사가 관계대명사 절에서 주어 역할을

Unit 12 목적격 관계대명사

Grammar Practice I p. 95

A
01 whom, 내가 파티에서 만났던 그 소년은 키가 매우 컸다.
02 which, 이것은 나의 할아버지가 지으신 집이다.
03 that, 그녀가 어제 잃어버린 개는 하얀색 꼬리를 가지고 있다.
04 whom, Brown 선생님은 내가 가장 좋아하는 영어 선생님이다.
05 which, 너는 내가 빌려준 책들을 읽었니?

B
01 whom   02 which   03 whom
04 which   05 that   06 which
07 that   08 that   09 which
10 the cats   11 the museum   12 friends

A 01 · 04 선행사가 사람으로 목적격 관계대명사 whom이 사용되었고 02 · 05 선행사가 사물로 목적격 관계대명사 which가 사용되었고 03 선행사가 동물로 목적격 관계대명사 that이 사용되었다. 관계대명사가 이끄는 절은 앞에 나온 선행사를 꾸며주어 선행사를 더 구체적으로 설명해준다.

B 01 그는 내가 만나고 싶은 가수다.
02 너는 내가 너에게 보낸 이메일을 가지고 있니?
03 우리가 돕는 그 아이는 고아다.
04 네가 고장 낸 그 장난감 자동차는 비싸다.
05 Sam이 그린 그림을 나에게 보여줘.
06 나의 아버지가 잡은 물고기들은 컸다.
07 이것들은 그가 나에게 준 꽃이다.
08 그가 가르치는 학생들은 열두 살이다.
09 그녀는 그녀의 아들이 쓴 편지를 기억했다.
10 내가 길거리에서 발견한 고양이들을 보아라.
11 그것은 우리가 지난 여름에 방문했던 박물관이다.
12 이 사람들은 내가 사랑하는 나의 친구들이다.

01 · 03 선행사가 사람일 때 목적격 관계대명사 whom을 쓴다. 02 · 04 · 06 · 09 선행사가 사물이나 동물일 때 목적격 관계대명사 which를 쓴다. 05 · 07 · 08 선행사가 사물이나 사람일 때 목적격 관계대명사 that을 쓴다. 10 · 11 목적격 관계대명사 which 앞에는 사물이나 동물인 선행사가 온다. 12 목적격 관계대명사 whom 앞에는 사람인 선행사가 온다.

Grammar Practice II p. 96

A
01 whom (= that)   02 which (= that)
03 whom (= that)   04 which (= that)
05 which (= that)   06 whom (= that)
07 which (= that)   08 whom (= that)
09 which (= that)   10 whom (= that)

B
01 I lost the cellphone which (= that) Bill lent to me.
02 The woman whom (= that) you met is a famous artist.
03 The pictures which (= that) my father took are wonderful.
04 James and Jack are my friends whom (= that) I trust.
05 They saw the girl whom (= that) Mr. Smith was looking for.

A 01 사람들은 소방관이 구한 그 소년을 기억한다.
02 나에게 네가 어제 본 영화에 대해 얘기해 주라.
03 내가 조금 전에 만난 그 남자는 이상해 보였다.
04 너는 셰익스피어가 쓴 그 책을 읽어본 적이 있니?

05 그가 가지고 있는 스마트폰은 그의 것이 아니다.
06 Smith 씨는 많은 사람들이 존경하는 의사다.
07 나는 그가 나에게 가져다준 새들에게 먹이를 줄 것이다.
08 나의 아버지는 내가 가장 좋아하는 배우를 좋아하지 않으신다.
09 너는 나의 아버지가 만든 피자를 원하니?
10 그녀가 기다리고 있는 사람은 그녀의 여동생이다.

01 · 03 · 06 · 08 · 10 선행사가 사람이고, 관계대명사가 관계대명사 절에서 목적어 역할을 하므로 목적격 관계대명사 whom이나 that을 쓴다. **02 · 04 · 05 · 07 · 09** 선행사가 사물이나 동물이고, 관계대명사가 관계대명사 절에서 목적어 역할을 하므로 목적격 관계대명사 which나 that을 쓴다.

B 보기 그 나무는 소나무다. 우리는 그것을 5년 전에 심었다.
→ 우리가 5년 전에 심은 그 나무는 소나무다.
01 나는 휴대전화를 잃어버렸다. Bill은 나에게 그것을 빌려주었다.
→ 나는 Bill이 나에게 빌려준 휴대전화를 잃어버렸다.
02 그 여자는 유명한 화가다. 너는 그녀를 만났다.
→ 네가 만났던 그 여자는 유명한 화가다.
03 그 사진들은 훌륭하다. 나의 아버지가 그것들을 찍었다.
→ 나의 아버지가 찍은 그 사진들은 훌륭하다.
04 James와 Jack은 내 친구들이다. 나는 그들을 믿는다.
→ James와 Jack은 내가 믿는 내 친구들이다.
05 그들은 그 소녀를 보았다. Smith 씨는 그녀를 찾고 있었다.
→ 그들은 Smith 씨가 찾고 있는 그 소녀를 보았다.

01 · 03 선행사가 사물이고, 관계대명사가 관계대명사 절에서 목적어 역할을 하므로 목적격 관계대명사 which나 that을 사용한다. 목적격 관계대명사를 사용하여 두 문장을 연결할 때 목적격 관계대명사 뒤에는 주어와 목적어를 필요로 하는 동사를 쓰고, 목적어는 쓰지 않는다. **02 · 04 · 05** 선행사가 사람이고, 관계대명사가 관계대명사 절에서 목적어 역할을 하므로 목적격 관계대명사 whom이나 that을 사용한다.

Prep Writing

A 01 whom (= that)
02 which (= that)
03 whom (= that), you, invited
04 which (= that), I, bought
05 which (= that), he, hates

B 01 The news <u>which (= that)</u> we heard was surprising.
02 There are many people <u>whom (= that)</u> I don't know.
03 *King Lear* is a play which Shakespeare <u>wrote</u>.
04 Where is the watch which <u>I</u> gave to you?
05 They are looking for <u>the dog which they lost</u>.
06 Amy is a clever girl that everyone <u>likes</u>.

A **01 · 03** 선행사가 사람이고, 관계대명사가 관계대명사 절에서 목적어 역할을 하므로 목적격 관계대명사 whom이나 that을 쓰고, 관계대명사 뒤에는 주어와 동사가 온다. **02 · 04 · 05** 선행사가 사물이고, 관계대명사가 관계대명사 절에서 목적어 역할을 하므로 목적격 관계대명사 which나 that을 쓰고, 관계대명사 뒤에는 주어와 동사가 온다.

B **01** 선행사가 사물이고, 관계대명사가 관계대명사 절에서 목적어 역할을 하므로 목적격 관계대명사 which나 that을 쓴다. **02** 선행사가 사람이고, 관계대명사가 관계대명사 절에서 목적어 역할을 하므로 목적격 관계대명사 whom이나 that을 쓴다. **03** 목적격 관계대명사 which는 관계대명사 절에서 목적어 역할을 하므로 wrote 뒤의 목적어 it을 삭제한다. **04** 목적격 관계대명사 뒤에는 주어와 동사가 온다. **05** 관계대명사 절에 있는 목적어 the dog이 목적격 관계대명사 which 앞에 선행사로 와야 한다. **06** 목적격 관계대명사 that은 관계대명사 절에서 목적어 역할을 하므로 likes 뒤의 목적어 her를 삭제한다.

Sentence Writing

A 01 He is waiting for the people whom he invited.
02 Pizza is the food which we eat for lunch.
03 Do you like the dress that I bought you?
04 The man whom I called yesterday is my uncle.

B 01 The foreigner whom (= that) she knows speaks Korean well.
02 The mouse which (= that) my cat caught is very big.
03 She looked at the pictures which (= that) he took yesterday.
04 The country which (= that) I visited last year was Italy.
05 Chris is my friend whom (= that) I met in America.

A **01 · 04** 선행사가 사람이고, 관계대명사가 관계대명사 절에서 목적어 역할을 하는 것으로 선행사 뒤에 목적격 관계대명사 whom을 쓰고, 뒤에 주어와 동사를 쓴다. **02 · 03** 선행사가 사물이고, 관계대명사가 관계대명사 절에서 목적어 역할을 하는 것으로 선행사 뒤에 목적격 관계대명사 which, that을 쓰고, 뒤에 주어와 동사를 쓴다.

B **01 · 05** 선행사(The foreigner, my friend)가 사람이고, 관계대명사가 관계대명사 절에서 목적어 역할을 하는 것으로 선행사 뒤에 목적격 관계대명사 whom이나 that을 쓰고, 뒤에 주어와 동사를 쓰고, 목적어는 쓰지 않는다. **02 · 03 · 04** 선행사(The mouse, the pictures, The country)가 동물이나 사물이고, 관계대명사가 관계대명사 절에서 목적어 역할을 하는 것으로 선행사 뒤에 목적격 관계대명사 which나 that을 쓰고, 뒤에 주어와 동사를 쓰고, 목적어는 쓰지 않는다.

Self-Study

A 01 that   02 which   03 whom
04 which   05 the baby

B 01 whom (= that), I, live
02 which (= that), he, bought
03 which (= that), he, sent

C 01 This is the hat which (= that) my grandmother wore.
02 Mr. Baker remembers the man whom (= that) his daughter introduced.
03 The animal which (= that) the hunter caught is a deer.
04 The girl whom (= that) people praise is my sister.

A 01 너는 네가 어제 산 책을 나에게 빌려줄 수 있니?
02 나는 그녀가 나에게 준 표를 잃어버렸다.
03 그는 내가 인터뷰하기를 원하는 축구 선수이다.
04 네가 지난밤에 먹은 음식은 무엇이니?
05 그녀가 돌보고 있는 아기를 보아라.

01 선행사가 사물일 때 목적격 관계대명사 that을 쓴다. **02 · 04** 선행사가 사물일 때 목적격 관계대명사 which를 쓴다. **03** 선행사가 사람일 때 목적격 관계대명사 whom을 쓴다. **05** 목적격 관계대명사 whom 앞에는 사람인 선행사가 온다.

B **01** 선행사가 사람이고, 관계대명사가 관계대명사 절에서 목적어 역할을 하므로 목적격 관계대명사 whom이나 that을 쓰고, 관계대명사 뒤에는 주어와 동사가 온다. **02 · 03** 선행사가 동물이나 사물이고, 관계대명사가 관계대명사 절에서 목적어 역할을 하므로 목적격 관계대명사 which나 that을 쓰고, 관계대명사 뒤에는 주어와 동사가 온다.

C **01 · 03** 선행사(the hat, The animal)가 사물이나 동물이고, 관계대명사가 관계대명사 절에서 목적어 역할을 하는 것으로 선행사 뒤에 목적격 관계대명사 which나 that을 쓰고, 뒤에 주어와 동사를 쓰고, 목적어는 쓰지 않는다. **02 · 04** 선행사(the man, The girl)가 사람이고, 관계대명사가 관계대명사 절에서 목적어 역할을 하는 것으로 선행사 뒤에 목적격 관계대명사 whom이나 that을 쓰고, 뒤에 주어와 동사를 쓰고, 목적어는 쓰지 않는다.

01 ②, ④ **02** ①, ⑤ **03** ① **04** ③ **05** ① **06** ⑤ **07** ⑤
08 ①, ③ **09** ④ **10** ⑤ **11** ④ **12** ④
13 which (= that), are **14** who (= that), helps
15 Pelé is the soccer player whom (= that) everyone knows.
16 A penguin is a bird which (= that) can't fly.
17 who (= that) takes care of animals,
which (= that) give the meanings of words
18 who (= that) flies airplanes,
which (= that) makes honey
19 who (= that) works in a restaurant,
which (= that) mixes food

01 David는 프랑스에서 미술을 공부하는 여동생이 하나 있다.
선행사가 사람이고, 관계대명사가 관계대명사 절에서 주어 역할을 하므로 주격 관계대명사 who나 that이 올 수 있다.

02 Jane은 그녀가 어제 산 우산을 나에게 빌려주었다.
선행사가 사물이고, 관계대명사가 관계대명사 절에서 목적어 역할을 하므로 목적격 관계대명사 which나 that이 올 수 있다.

03 이것들은 그녀가 찾고 있는 책들/열쇠들/새끼 고양이들/신발이니?
목적격 관계대명사 which 앞에는 사람인 선행사 children이 올 수 없다.

04 너는 영어를 유창하게 말하는 그 소년을/그 소녀를/그 남자를/그 학생을 아니?
주격 관계대명사 who 뒤에 단수동사 speaks가 오고 있으므로 복수명사 the people은 선행사로 올 수 없다.

05 · 나의 아버지가 산 새 차는 매우 빠르다.
· Brian은 영어 시간에 내 옆에 앉은 소년이다.
첫 번째 문장은 선행사가 사물이고, 관계대명사가 관계대명사 절에서 목적어 역할을 하므로 목적격 관계대명사 which나 that이 올 수 있다. 두 번째 문장은 선행사가 사람이고, 관계대명사가 관계대명사 절에서 주어 역할을 하므로 주격 관계대명사 who나 that이 올 수 있다.

06 · 시인은 시를 쓰는 사람이다.
· 나는 내 친구가 나에게 보낸 편지를 읽고 있다.
첫 번째 문장은 선행사가 사람이고, 관계대명사가 관계대명사절에서 주어 역할을 하므로 주격 관계대명사 who나 that이 올 수 있다. 두 번째 문장은 선행사가 사물이고, 관계대명사가 관계대명사 절에서 목적어 역할을 하므로 목적격 관계대명사 which나 that이 올 수 있다.

07 ① 내가 심은 그 나무는 잘 자란다.
② James는 비싸 보이는 컴퓨터를 하나 가지고 있다.
③ 그는 모든 사람들이 사랑하는 배우이다.
④ 그녀는 아픈 사람들을 돌보는 간호사이다.
⑤ 나는 경찰이 찾고 있는 그 도둑을 보았다.
⑤ which → whom (= that)
선행사가 사람이고, 관계대명사가 관계대명사절에서 목적어 역할을 하므로 목적격 관계대명사 whom이나 that을 쓴다.

08 ① 나는 서울에 사는 삼촌을 방문할 것이다.
② 시끄럽게 짖는 개가 한 마리 있었다.
③ 행복하게 웃고 있는 소녀들을 보아라.
④ 이것은 그 남자가 만든 책상이다.
⑤ 내가 좋아하는 그 가수는 아름다운 목소리를 가지고 있다.
① live → lives ③ whom → who (= that)

09 ① 나는 그 남자를 안다. 그는 가난한 사람들을 돕는다.
→ 나는 가난한 사람들을 돕는 그 남자를 안다.
② Tom은 책 한 권을 읽었다. 그것은 재미있었다.
→ Tom은 재미있는 책 한 권을 읽었다.

③ 그녀는 카메라를 잃어버렸다. Mike는 어제 그것을 그녀에게 빌려주었다.
→ 그녀는 Mike가 어제 그녀에게 빌려준 카메라를 잃어버렸다.
④ 그는 상자를 열었다. 그것은 탁자 아래에 있었다.
→ 그는 탁자 아래에 있는 상자를 열었다.
⑤ Smith 씨는 의사들을 초대했다. 그는 그들을 런던에서 만났다.
→ Smith 씨는 그가 런던에서 만난 의사들을 초대했다.
① whom → who (= that) ② who → which (= that) ③ lent it to → lent to
⑤ which → whom (= that)

10 ⑤ have → has
선행사(the dog)가 단수이므로 주격 관계대명사 뒤에 단수동사 has가 온다.

11 ④ them → 삭제
목적격 관계대명사 that은 관계대명사 절에서 목적어 역할을 하므로 gave 뒤의 목적어 them을 삭제한다.

12 ④ whom → which (= that)
선행사가 사물이고, 관계대명사가 관계대명사 절에서 목적어 역할을 하므로 목적격 관계대명사 which나 that을 쓴다.

13 선행사가 동물이고, 관계대명사가 관계대명사 절에서 주어 역할을 하는 것으로 주격 관계대명사 which나 that을 쓰고, 선행사가 복수(the fish)이므로 복수동사 are를 쓴다.

14 선행사가 사람이고, 관계대명사가 관계대명사 절에서 주어 역할을 하므로 주격 관계대명사 who나 that을 쓰고, 선행사가 단수(the actor)이므로 단수동사 helps를 쓴다.

15 선행사가 사람이고, 관계대명사가 관계대명사 절에서 목적어 역할을 하는 것으로 선행사 뒤에 목적격 관계대명사 whom이나 that을 쓰고, 뒤에 주어와 동사를 쓴다.

16 선행사가 동물이고, 관계대명사가 관계대명사 절에서 주어 역할을 하는 것으로 주격 관계대명사 which나 that을 쓴다. 조동사 can은 선행사에 상관없이 같은 형태를 쓴다.

17 수의사는 동물을 돌보는 의사다.
사전은 단어의 의미를 알려주는 책이다.

18 비행기 조종사는 비행기를 조종하는 사람이다.
벌은 꿀을 만드는 곤충이다.

19 웨이터는 식당에서 일하는 남자이다.
믹서는 음식을 섞는 기계이다.
17·18·19 선행사가 사람이고, 관계대명사가 관계대명사 절에서 주어 역할을 할 때 주격 관계대명사 who나 that을 쓰고, 주격 관계대명사 뒤에 오는 동사는 선행사의 인칭과 수에 일치시킨다. 선행사가 사물이고, 관계대명사가 관계대명사 절에서 주어 역할을 할 때 주격 관계대명사 which나 that을 쓰고, 주격 관계대명사 뒤에 오는 동사는 선행사의 인칭과 수에 일치시킨다.

문법 탄탄

정답 및 해설

문장의 확장편 ❷

WRITING 4

기초 영문법이 탄탄해지면 영작 실력도 쑥쑥 자란다!

✿ 기초 영문법을 토대로 단계적인 영어문장 쓰기 학습
✿ 올바른 영어문장 쓰기를 위한 명쾌한 영문법 설명
✿ 유용한 영어문장을 충분히 써 볼 수 있도록 다양한 문제 수록
✿ 기본 문장에서 확장된 문장 쓰기를 위한 체계적 4단계 구성
✿ 학교 내신 및 서술형 시험 대비를 위한 평가 유형 반영

문법 탄탄 WRITING 시리즈